TORN APART

How Cabell Countians Fought The Civil War

[Virginia/West Virginia]

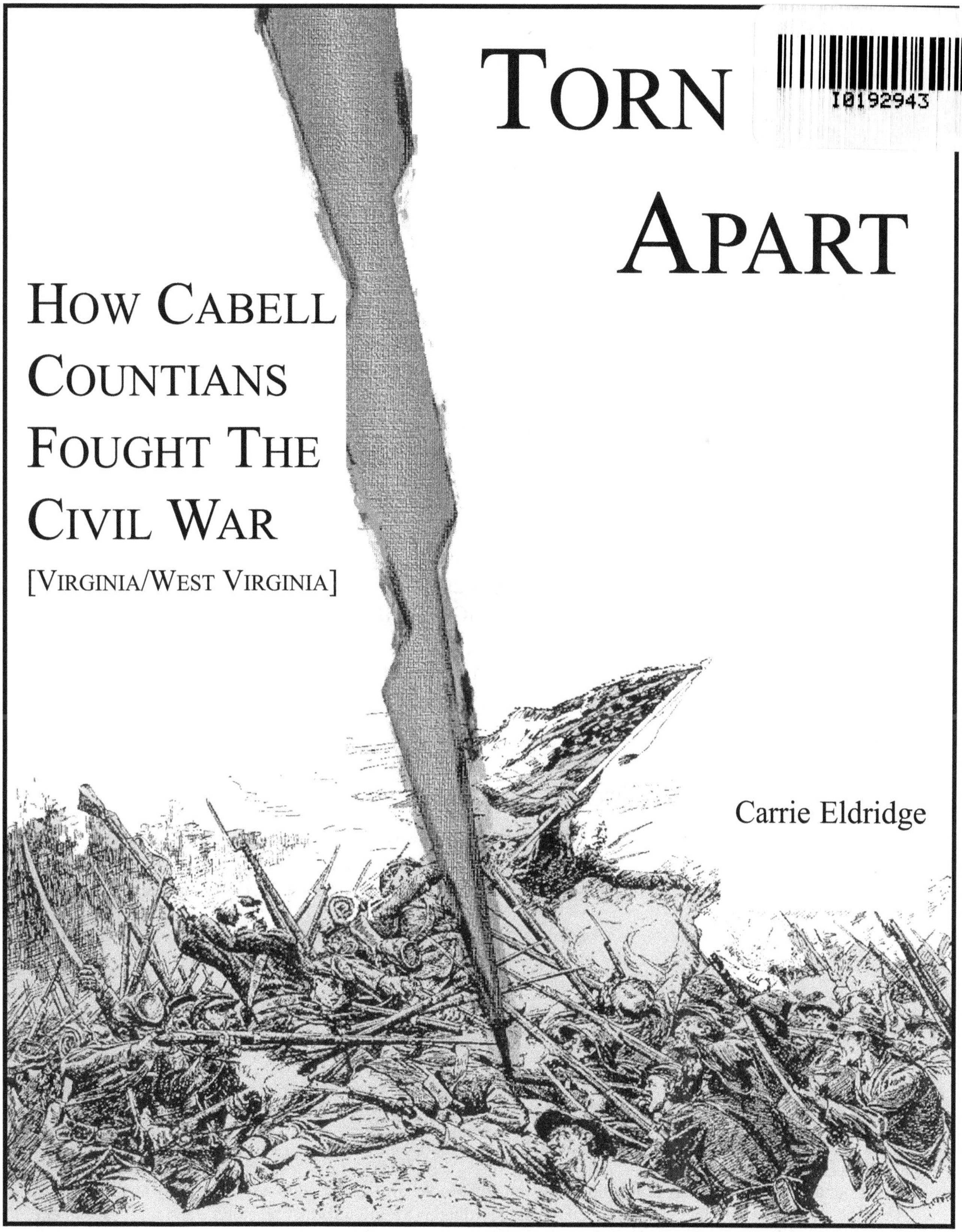

Carrie Eldridge

HERITAGE BOOKS
2007

HERITAGE BOOKS
AN IMPRINT OF HERITAGE BOOKS, INC.

Books, CDs, and more—Worldwide

For our listing of thousands of titles see our website
at
www.HeritageBooks.com

Published 2007 by
HERITAGE BOOKS, INC.
Publishing Division
65 East Main Street
Westminster, Maryland 21157-5026

Copyright © 2000 Carrie Eldridge

Other books by the author:

Minute Books: Cabell County, [West] Virginia Minute Book 1, 1809-1815

Nicholas County, Kentucky, Records: Stray Book 1 - 1805-1811, Stray Book 2 - 1813-1819, Stray Book 3 - 1820 - 1870 and Execution Book A - 1801-1878

Miscellaneous Cabell County, West Virginia, Records, Order Book Overseers of the Poor 1814-1861, Fee Book 1826-1839, 1857-1859 (Rule Book), Cabell Land for Tax Purposes 1861-1865

Cabell County's Empire for Freedom

Nicholas County, Kentucky, Property Tax Lists, 1800-1811 with indexes to Deed Books A&B (2), and C

ar

All rights reserved. No part of this book may be reproduced or transmitted in any form or by any means, electronic or mechanical, including photocopying, recording or by any information storage and retrieval system without written permission from the author, except for the inclusion of brief quotations in a review.

International Standard Book Number: 978-

Introduction

Much has been written about the Civil War, but this country still asks for more information. this work shows on which side the men of Cabell County, VA/WV fought.

Cabell County, Virginia was the western most county of Virginia until 1842 when Wayne County was separated from her boundaries. At the time of the Civil War Cabell County was the site of Guyandotte, the most western Virginia community. The town and the surrounding countryside along the Ohio River was a reproduction of eastern Virginia complete with southern sympathies and slaves, but the interior of the county was inhabited by common farmers who worked their own land.

With the outbreak of the Civil War the Federal Government realized the importance of the Ohio River and quickly sent troops to the region and secured the River for the North. For all practical purposes the War in western Virginia began and ended in 1861 with one encounter in Guyandotte to secure the Ohio River. Although the War continued through raids by both sides, there was no major fighting in Cabell County.

Cabell County, like the rest of the Nation, quickly chose sides. Outstanding leaders for both Union and Confederate forces recruited in the area and as elsewhere, the men joined up with people they knew. Both forces also "impressed soldiers" and several men have service with both sides. Cabell raised a Confederate general and many people believe that the majority of Cabell Countians fought for the South, that is not true.

The following records show the service for Cabell County men. The records show that the county was almost equally divided between service with the North and and service with the South. Seven Hundred and twenty men have been located on the Northern rosters while five hundred and fifty-five had southern service. In addition more than one hundred men do not seem to have served (have not yet found the records) and about fifty men seem to have served on both sides.

Please remember some of these names may not be Cabell residents. Use this information with care and try to verify any service with other records.

Illustrations are from:
Frank Leslie's *THE SOLDIER IN OUR CIVIL WAR*
A Pictorial History of the Conflict, 1861-1865, Vol. I
New York: Stanley Bradley Publishing Co. 1890.

TORN APART **UNION SOLDIERS**

CABELL'S UNION SOLDIERS

Information abstracted from the Eleventh Census of the United States - 1890 - "Schedules Enumerating Union Veterans" and correlated with the 1850 & 1860 Census Schedules of Cabell County and with the 1861-1865 tax lists. (Address given in 1890.)(Huntington became the western terminus of the C & O RR in 1872. Soldiers migrated to the area after serving in other counties.) 11th Census - 1890 - Schedules for Enumerating Union Veterans

1883 Pen = 1883 Federal Military Pension List
(CW) = *Civil War in Cabell County, West Virginia 1861-1865* by Joe Geiger, Jr.
(CA) = *West Virginia Civil War Almanac* by Tim McKinney
tx = *Cabell Land for Tax Purposes 1861-1861* by Carrie Eldridge
(RS) = *The Roster of Union Soldiers 1861-1865* by Janet B. Hewett
(LW) = *Loyal West Virginia from 1861-1865* by Theodore F. Lang
(dis) = discharge records in Cabell County Will Book II
(recorded to received $100 bonus)
mostly from local commanders:
   Capt. John Harshbarger - Co. G - 3rd WV Ca
   Capt. Cary B. Hayslip   - Co D - 1st WV Vet Inf
   Capt. Wm. J. Mathews - Co H - 13th WV Inf
   Capt. Mark Poor   - Co A - 1st WV Vet Inf
   Capt John W. Johnson - Co H - 1st WV Vet inf

obit - obituary   cem - cemetery
census #214 = Cabell 1860   - census (1850)
B'ville = Barboursville Guy = Guyandotte Cab = Cabell Grb = Greenbottom
Kan: Kanawha Lin: Lincoln Log: Logan Put: Putnam Way: Wayne

* NOTE: Soldiers from Hewett's "Roster" are not verified Cabell residents, only same name and probable residence due to unit. People with the same name served in many units. Other entries represent the same person with various spellings.

TORN APART   UNION SOLDIERS

name	rank/age 1861		unit	household 1860 census		source 1890 add/injury
	* probable residents					
Abbott, James	1st Lt	36	Co A - 7th WV Ca	self	#285	(CW)
Abbott, James	pvt		Co H - 15th WV Inf	Capt. Wm. J. Mathews		(dis)
	(dis)1865 age 44 - born Cabell Co. 5'9" tall dark complexion, black eyes, black hair, farmer					
*Adams, Franklin(Medal of Honor)		18	Co D - 1st WV Ca	(1850 s/Nancy B'ville)		POW-Salisbury-CW
*Adams, James K.P.	Sgt		Co C - 4th WV Ca	(? tx - Nancy)		(CW)
*Adams, James T. (F)	pvt	28	Co G - 1st WV Ca/1st Vet	(1850 s/John)	#503	Love
	James F. (dis) 1865 corp age 18 born Cabell - 5'9" light completion, blue eyes, light hair, farmer					
*Adams, John J. (D)	pvt	13	Co K - 3rd WV Ca	(1850 s/ Nancy)		(RS)
Adams, Thomas	pvt	14	Co F - 7th WV Ca	Strupe, Wm.	#164	(CW) (s/Nancy)
*Adams, Wm. H.	pvt	17	Co A - 7th WV Ca	(1850 s/Nancy)		(RS)
	(dis) 1862 pvt Co D -1st WV Inf - born Cabell age 18 unable to walk various veins right leg					
Adams, William J.	pvt	46	Co E - 179th OH Inf	self	#1294	Ona
Adkins, Albert	pvt	15	-	Adkins, Lewis	#876	maybe CSA
*Adkins, Alexander J.	pvt	15	Co K - 7th WV Ca	(1850 s/Rachel)		(RS)
Adkins, Anderson		32	enlisted Guy 1862 - D 9 WV	self	#671	both sides (CW)
*Adkins, Elliot	pvt		Co G - 7th WV Ca	(Census 50-70)		(RS)
Adkins, Ephraim	pvt	15	Co G - 3rd WV Ca	Adkins, Elizabeth	#750	(RS)
*Adkins, Francis	pct	32	Co H - 7th WV Ca	(census 50-70)		(RS)
Adkins, George W.	pvt	14	Co B - 5th WV/ Co G - 1st Vet	Adkins, John C.	#746	(RS)
*Adkins, Greenville	pvt		Co H - 7th WV Ca	(tax lists)		(RS)
Adkins, Hamilton	pvt	27	Co G - 7th WV Ca	self	#910	(RS)
Atkins, Jacob	pvt	15	Bt B - 1st Lt Art	Adkins, Wm. D.	#677	(RS)
Adkins, John (6)	pvt		Co I - 13th WV Inf	(6)		Cox's Landing - lung
Atkins, John G. (C.)	Corp	40	Co A -10th WV Inf	self	#746	(RS)
Adkins, John (T)		pvt	44	Co K - 9th WV Inf	self	#694	(RS)
Adkins, Joseph		pvt	40	Co H - 9th WV Inf	self	#709	(RS)
Adkins, Joseph	pvt	20	Co K - 5th WV Inf	Adkins, John T.	#694	(RS)
Adkins, Lewis	pvt	47	Co G - 9th WV Inf	self	#876	(RS)
Adkins, Mathew	pvt	24	Co G - 7th WV Ca	self	#672	(RS)
Adkins, Parker	pvt	50	Co G - 7th WV Ca	self	#684	(RS)
Adkins, Perry G.	pvt	23	Co E - 3rd US Inf	Lt E.L.C. Campbell		(dis)
	(dis) 1865 Ft. Levenworth, KS born Wayne Co. VA age 28 - 5'6" light complexion, grey eyes, light hair, farmer					
*Atkins, Richard			Bt B - 1st Lt Art			(RS)
Atkins, Robert	pvt	34	Co G - 2nd Ca	self	#891	(RS)
Adkins, Sherod	pvt	50	Co I - 7th WV Ca	self	#719	(RS)
Adkins, Sylvester	pvt	19	Co I - 9th WV Inf	Adkins, Parker	#684	(RS)
*Adkins, William S.			13thWV Inf	(tx-4 possible)		en'l Buffalo 1864(CA)
Alford, James	pvt	36	Co D - 10 WV Inf	self	#1029	(RS)
Alford, John		36	POW-Guy Raid	Hotel	#23	constable - CW
Algeo, Wm. D. w/Amazetta	pvt	28	Co D - 13th OH Ca	self	#61	B'ville
Allen, Henry	pvt	19	Co G - 11th WV Inf	Allen, John W.	#545	(RS)
Allen, James	pvt	34	Co K - 5th WV Inf	self	#512	(RS)
*Allen, John	pvt	29	Co H - 7th WV Ca	(1850 s/ John W.)		(RS)
Allen, William(H.)	pvt	36	Co K - 5th WV Inf	self	#546	(RS)
Anderson, James			4 possible			(RS)
Arthur, Ambrose	pvt	14	Co G - 3rd WV Ca	Arthur, Isaac	#157	(RS)
Arthur, William J.	pvt	27	Co E - 7th WV CA	Arthur, Lewis S.	#612	(RS)

4

TORN APART   UNION SOLDIERS

name	rank/age 1861	unit	household 1860 census	source 1890 add/injury
Arthur, William S.	Corp 18	Co D - 4th WV Ca	Arthur, John M. #159	(RS)
Ashworth, Lewis M.	pvt 19	Co G - 3rd WV Ca	Ashworth, Henry #988	(RS)
Ashworth, William H.	pvt 17	Co K - 5th/Co K 1st Vet	Ashworth, Asa #1022	(RS)
Atkins see Adkins				
Bailey, Anderson	Corp 32	Co H - 5th Inf/ Co A - 1st Vet	self #540	(RS)
*Baker, Henry	pvt	Co K - 7th WV Ca	(tax list)	(RS)
*Baker, James M.	Sgt	45th KY Inf	(tx-2 possible)	(CA) 1863-64
*Ball, John (H.)	pvt	Co D - 7th WV Ca	(tax list)	(RS)
Ball, Lafayette	pvt 27	Co HB - 7th WV Inf	self #1261	(RS)
*Ball, William		Co G - 3rd WV Ca	(? tx s/James)	(RS)
Ballard, James R. (B)	Corp 46	Co I - 7th WV Ca	self #918	(RS)
Ballard, John W.	Corp 39	Co A - 5th WV Inf	self #897	(RS)
Ballard, Preston	pvt 13	Co B - 7th WV Ca	Ballard, James #918	(RS)
Barnett, Andrew	pvt 14	Co D - 5th WV Ca	Barnett, Harvey #954	(RS)
Barnett, (Barrett)John C.	pvt 13	Co G - 3rd WV Ca	Walker, J.H. #227	Htgn (CA) 1863-65
Barnet, Sylvester	pvt 15	Co G - 3rd WV Ca	Walker #227	(RS)
Baum, Joseph	pvt	listed by Baumgardner	(Baum, George #38)	(CW)
Baumgardner, Henry J.	pvt 17	Co D - 5th WV Inf	Baum'ner, James #126	Union Ridge
(dis) pvt Co E - 1st WV Inf 1865 age 21 born Cabell - 5/8" dark complexion, grey eyes, brown hair, farmer				
Bumgardner, John A.	Corp 15	Co A - 7th WV Cav	Baum'ner,James #126	(RS)
Baumgardner, John B.	Lt 35	Co H - 13th WV Inf	self #9	B'ville - stomach
Bumgardner, Wm. (J)	pvt 13	Co B - 7th WV Cav	Baum'ner, James #126	(RS)
Beach, James	pvt 48	Co A - 4th WV Inf	self #128	(RS)
Beach, Samuel	pvt 23	Co D - 7th WV Inf	self (son?) #128	(RS)
Bias, Berry	pvt 36	Co G - 1st WV Vol Ca	Mays # 80 ('50 s/Walden)	B'ville-shot thigh
Bias, Enos (Byos)	pvt 25	Co G - 3rd WV Ca	self #94	Union Ridge
(dis) 1865 - 28 born Cabell 5'11" dark complextion, black eyes, black hair, farmer			self #899	enl'-Guy' 1862 (CW)
Bias, Evermont (R.)	pvt 22	Co C - 7th WV Inf	Bias, Anderson #898	(dis)
Bias, James A.	pvt 31	Co A - 185th OH Vol Inf	self #549	(RS)
Bias, James F.	pvt 44	Co G - 14th WV Ca	self #800	Lesage
Bias, Lindsey	pvt	Co G - 1st WV Ca	self #138	McCurdy
(dis) Martha Bias (widow with 8 children) (only 1 in 1860) receives $8 per month to continue until				(RS)
Matilda A. reaches 16 in 1876 and Linsey M. reaches 16 in 1877)				
Bias, Roland S.	pvt 17	-	Bias, James #800	(dis)
Bias, Rolin	Corp 36	Co G - 1st WV Ca	self #809	Culloden
Bias, William A.[1]	pvt 23	Co D - 9th WV Inf	Bias, Anderson #898	(RS)
*Bias, William A.	pvt 23	Co - 1st WV Vet	also Confederate - Co C 36th Bn C(note)	Milton/ Salsbury
Bias, William E.	pvt 29	Co G - (4) WV Ca	self #169	G'dotte - testicle
Bias, Wm. (V.B.)	1st Lt 18	Co B -7th WV Ca	Bias, Rolin #289	(RS)
Bicker, Anthony	pvt 25	Co H - 5th WV Inf	(1870 s/ Henry) #347	Union Ridge- (head)
Bicker, Henry(Bickner)	1st Sgt 39	Co H - 5th WV Inf	self #347	Union Ridge
(dis) 1864 age 43 born Nemenberg, Bavaria 5'6" fair complexion, brown eyes, grey hair, clerk				
Billups, James T.	Corp 22	Co D - 8th WV Inf	self #1181	Milton - typhoid
Black, George	pvt 13	Co D - 5th WV Ca	Black, Wm. #1260	(RS)

---

[1] Served on both sides. Family story claims Wm. A. was inpressed by the Confederates, came home and hid under the mattress while they searched for him and then enlisted in the Union army.

TORN APART   UNION SOLDIERS

name	rank	age 1861	unit	household 1860 census		source 1890 add/injury
Black, John W.	pvt	14	Co M - 3rd WV Ca	Black, Jas. C.	925	enl'- Char'-'64 -CW
*Blake, Andrew W.(L or J)	pvt		7th WV Ca	(? 1850 A.L. Blake)		(CA)
Blake, C.S. (Christian)	pvt	18	Co G - 1st WV Ca	Blake, Isaac	#204	Howells
Blake, Frederick	pvt	15	Co I - 9th/Co D - 1st Vet	Blake, Pennill	#136	(RS)
Blake, Jeremiah	pvt	15	Co D - 1st Inf/2nd Vet	Blake, Isaac	#204	(RS)
Blake, William (H)	pvt	20	Co B -7th Inf/2nd Vet	Blake, Morris	#1109	(RS)
*Blankenship, And. J.	pvt		Co E - 5th WV Inf			obit
Blankenship, Jesse	pvt	20	Co I - 9th WV Inf	Bl'p, Permelia	#584	(CWCC)
Blakenship, John (T.)	pvt	16	Co A,E,H - 5th Inf/1st Vet	Bl'p, Samuel	#568	(RS)
Blankenship, Wm. (P/R)	Corp	32	Co C/G - 5th WV Inf	self	#874	(RS)
*Booth, William R.	pvt	16	Co D - 9th WV Inf	Booth, Samuel	#656	Tyler Creek
Bostick, Joseph	pvt	39	Co H - 7th WV Ca	self	#1039	(RS)
Bowden, Alonzo	pvt	15	Co B - 2nd Vet Inf	Bowden, Sidney	#729	(RS)
Bowden, Charles	pvt	16	Co B - 2nd Vet Inf	Bowden, Sidney	#729	(RS)
Bowden, Rolanders	pvt	13	Co B - 2nd Vet Inf	Bowden, Sidney	#729	(RS)
*Bowen, David	pvt		Co H - Inf Ind	(tax list)		(RS)
Bradshaw, William T.		15	Co B - 7th WV Ca	Brads'w, Cynthia	#307	1883 Pen
*Branch, Henry	Corp		Co E - 3rd US Inf	Lt. E.L. Campbell		(dis)

(dis) 1865 Ft. Levenworth, KS - age 24 born Columbia Co. AL - 5'6" fair, hazel eyes, light hair, farmer

name	rank	age 1861	unit	household 1860 census		source 1890 add/injury
Brewer, Floyd H.	pvt	24	Co K - 4th WV Ca	self	#1048	(RS)
Brown, Charles	pvt	13	Co I - 13th WV Inf	Brown, William	#450	(RS)
Brown, George W.	Corp	22	Co K - 5th WV Ca	Brown, Thomas	#1136	(RS) (see CSA)
Brown, George W.	Capt	44	Co G - 7th WV Ca	self	#1185	(RS)
Brown, James	pvt	18	Co I - 7th WV Ca	Brown, G.W.	#1185	(RS)
Brown, James H.	farrier	30	Co I - 7th WV Ca	Brown, James	#1143	(RS)
Brown, John	pvt	18	Co F - 7th WV Ca	Brown, G.W.	#1185	(RS) 3 possible
Brown, John	pvt	25	Co K - 3rd WV Ca	Brown, Thomas	#1136	(RS)
Brown, John F.	pvt	26	Co F - 7th WV Ca	self	#526	(RS)
Brown, John R.	pvt	26	Co C - 2nd WV Ca	self	#482	(RS)
*Brown, Leondias	Corp		Co C - 1st WV Ca			obit
Brown, Thomas (B.)	pvt	22	Co E - 7th WV Ca	self	#1002	(RS)
Brown, William	pvt	16	Co I - 7th WV Ca	Brown, G.W.	#1185	(RS) see #450
Brown, William (W)	pvt	48	Co I - 13th WV Inf	self	#450	(RS)
*Brumfield, Evermont	pvt	19	Co G- 3rd WV Ca			(dis)

(dis) 1865 - age 23 born Cabell 6' dark complexion, dark eyes, black hair, farmer

name	rank	age 1861	unit	household 1860 census		source 1890 add/injury
Burns, James	pvt	21	Co I - 1st WV Ca	self	#1007	(RS)
Burns, John H.	pvt	16	Co H - 9th WV Inf	Bias, Wm.	#169	(CW)
Burns, Thomas	pvt	20	Co I - 1st WV Ca	Burns, David	#905	(RS)
Burton, Joseph	Corp	15	Co M - 11th PA Cav	Burton, Wm.	#1020	Union Ridge
Butcher, James	pvt	48	Co G - 34th OH Inf	self	# 48	Barboursville
Butcher, Thurman Y. (J.)	Sgt	27	Co K - 10th KY Ca	self	#262	Culloden- spinal inj
Caldwell, William H.	pvt	26	Co G - 4th Inf/Co C 2nd Vet	self	#1105	(RS)
Canterberry, Joseph	Sgt	26	Co G - 1st WV Ca	self	#1099	(RS)
*Cardwell, Manoah	pvt	37	Co H -194th OH (Vet Ca)	(1850 self)		Htgn
*Cardwell, Manoah Nathan	pvt		Co K - 5th WV Inf/Co K 1st Vet			(RS) ?same
*Carey, Granville	pvt	17	Co G - 3rd WV Ca			(dis)

(dis) 1865 - age 21 born Cabell 5'6" fair complexion, blue eyes, light hair, farmer

name	rank	age 1861	unit	household 1860 census		source 1890 add/injury
Carroll, James (T)	pvt	34	CoA/G - 1st WV Ca	self	#922	(RS)

TORN APART   UNION SOLDIERS

name	rank/age 1861	unit	household 1860 census	source 1890 add/injury
Carroll, William A.	Sgt 33	Co K - 1st WV Ca	self #921	(RS)
Carson, William A.	pvt 38	Co C - 5th WV Inf	self #309	(RS)
Carter, Henry L.	1st Lt 40	Co EK - 7th WV Ca	self #447	(RS)
Carter, James	pvt 26	Co H - 1st WV Ca	self #582	(RS)
Carter, John D.	pvt 16	Co E - 13th WV Inf	Carter, John W. #1249	(RS)
Carter, John W.	Capt 48	Co K - 3rd WV Ca	self #1249	(RS)
*Carter, William		Co A - 13 WV Inf/Bt D - 1st Lt Art		GAR or CSA
Casey, Elisha	pvt 16	Co H - 4th WV Inf	Knight #201	(RS)
Chapman, John G.	pvt 14	Co A - 7th WV Ca	Chapman, Wm. #141	(RS)
Chapman, John (W)	pvt 38	Co D - 7th WV Ca	self #679	(RS)
Chapman, Nehemiah	pvt 18	Co D - 7th WV Ca	Chapman, Wm. #1230	(RS)
Chapman, William(H)	pvt 29	Co E - 3rd WV Ca	Jefferson #1145	(RS)
Childers, George W.	Corp 17	Co H - 13th WV Inf	Childers, Saml. A. #62	B'ville - prisoner
(dis) 1865 - age 18 born Cabell 5'7" fair complexion, blue eyes, light hair, farmer				
Childers, Samuel A.	Lt 45	Bn - 5th WV Ca	self #62	(dis)
Childers, Wm. L.	Corp 34	Co I - 7th WV Ca	self #312	Barboursville
Childers, William S.	pvt 18	Co G - 3rd WV Ca	Childers, Saml. A. #62	Barboursville
(dis) 1865 - age 20 born Cabell 5'5" dark complexion, black eyes, dark hair, farmer				
Church, John W.	pvt 19	- 1st MN Art	Church, Octavius #4	(dis)
Clark, David	pvt 19	Co A/D-5th / Co K/A 1st Vet	Clark, Daniel #637	B'ville -nerves (RS) 2 people??
(dis) 1864 age 18 born Rockbridge Co. VA 5/6" light complexion, blue eyes, light hair, farmer				
Clark, George	pvt 11	Co M - 3rd WV Ca	Clark, Lyman #380	enl' -Char' '64 - CW
Clark, Harvey	pvt 22	Co H - 9th WV Inf	Clark, Daniel #637	B'ville -thigh shot
(dis) 1864 age 25 born Rockbridge Co. VA 5'8 1/2" light complexion, blue eyes, dark hair, farmer				
*Clark, John		Co K - 75th OH Inf		cem
*Clark, John T.R.	pvt 22	Co D - 3rd WV Ca	(1850-70 census)	(RS)
Clark, Roland w/Susie	Sgt 19	Co H - (9) VA Inf	Clark, Lyman #380	Guyandotte
Clark, Wm. (M.)	pvt 14	Co H - 13 WV Inf/14 US	Clark, Daniel #637	Cox's Landing -heart
**Clutts, James H.		Co E/ OH & 14th KY Inf		cem
*Collins, Aaron	Corp 17	Co K - 5th Inf/1st Vet	(1850-70 s/Wm.)	(RS)
Collins, Addison	pvt 18	enlisted Guy 1862 -D 9 WV	Collins, John #271	(RS)
Collins, Isaac	pvt 31	Co I/M - 3rd WV Ca	self #869	(CW) captured
Collins, Nathan	Mus/Drum	Co A -5th Inf/Co F-1st Vet	Collins, Wm. #167	(RS)
Collins, Nathaniel	Drum 29	Co E - 9th WV Inf	self (s/ Wm) #213	(CW)Baumgardner (RS)
Collins, William	pvt 26	Co D - 9th Inf/1st Vet	Turley #645	enl' - Guy 1862 (CW)
Conner, John M.	pvt 15	Co K - 3rd WV Ca	Conner, James #1213	(RS)
Cook, Abner Jr.	pvt 23	Co G - 3rd WV Ca	Collins, Abner,Sr. #635	(RS)
Cook, Abner J.	pvt 28	Co G - 2nd Ca/13th Inf	Carter #582	G'dotte -measles
*Cook, Benjamin	pvt 17	enlisted Guy'-1864 - 13WV	(1850 s/Thos. C.)	(CW) POW died
Cook, James	pvt 41	Co I - 7th WV Ca	self #1233	(RS)
*Cook, John	pvt 15	Co E - 13th WV Inf	(1850 s/ John Sr.)	Milton - shot elbow
Cook, Mathew	2nd Lt 37	Co I - 7th WV Ca	self #644	(RS)
Cook, Peter	Sgt 40	Co B - 9th WV Inf	Chapman #1156	(RS)
Cowan, James	pvt 18	- 13th WV Inf	Cowan, Thomas #723	enl' - Guy 1864
Cowan, James J.	pvt 38	Co I - 13th WV Inf	self #100	(RS)
Cox, James O.	pvt 36	Co C - 13th WV Inf	self #132	(RS)
Cox, John A.	pvt 31	Co A - 6th WV Ca	self #175	(RS)
*Cox, John W.		63rd OH Inf		cem

TORN APART — UNION SOLDIERS

name	rank/age 1861		unit	household 1860 census		source 1890 add/injury
Cremens, Amasa	pvt	30	Co D - 9th WV Inf	self	#653	B'ville - wound foot
Cremeans, Durgan	pvt	27	enlisted Guy 1862 - D 9WV	self	#301	d/Andersonville(CW)
Cremens, James G.	pvt	26	Co G - 9th WV Inf	self	#649	B'ville
Cremeans, Nathan	pvt	47	Co F - 7th WV Ca	self	#1203	(RS)
*Cremens, Preston			Co M - 7th WV Ca	(tx 3 poss. on Barker Ridge)		(CA)
Cremeans, Richard	pvt	21	Co D - 9th WV Inf	Cremeans, Sanders	#702	enl' - Guy 1862 (CW)
*Cremeens, William	pvt	17	Co I -13th WV Inf	(1850 s/Hiram or Elizabeth)		(RS)
Cunningham, Isaac	Capt	28	Co F - 1st WV Ca	self	#477	(RS)
Curry, George	pvt	13	Co G - 7th WV Inf	Curry, Hiram	#994	(RS)
Curry, Granville	1st Lt	19	Co G - 3rd WV Ca	Curry, Hiram	#994	enl' Ceredo'62 (CW)
Curry, Harrison	pvt	23	Co E L - 6th WV Ca	self	#1089	(RS)
Curry, Mayberry	pvt	22	Co I - 7th WV Ca	Summers	#1223	(RS)
Cyrus, William H.	pvt	21	Co D - 13 th VA Inf	Cyrus, Sarah	#129	Ona
Davis, Christopher	pvt	17	Co I - 9th WV Inf	Davis, Lockie	#626	(RS)
Davis Granville (Green-)	Corp	40	Co A - 14th WV Inf	self	#573	(RS)
*Davis, Hezekiah	pvt		Co K - 68th KY inf	(tx James)		(CW)
*Davis, James M.C.			Co B - 1st WV Inf	(tax list)		(RS)
*Davis, James M. J.	Sgt		Co A - 5th WV Inf	(tax list)		(RS)
Davis, John	pvt	23	CoA/C- 1st WV Ca	Watson	#682	1883 Pen
Davis, John	pvt	31	Co I - 9th WV Inf	self	#1231	(RS)
Davis, Lockie		47		self	#626	1883 Pen
Davis, Samuel w/America	pvt	33	Co I 13 WV Inf	self	#1296	Howells
Davis, Thomas C.	pvt	14	Co D - 7th WV Ca	Davis, Saml. H.	#1296	Milton - inj by horse
Davis, Thomas H.	Corp	14	Co H - 5th WV Ca	Davis, Samuel	#1296	(RS) (same?)
*Davis, Stephen	pvt		Co G - 12th OH Inf	(tx James)		(CW)
Davis, Wesley	Waggoner	27	Co A - 6th WV Inf	self	#625	(RS)
Davis, William G.	pvt	50	Co I /C - 13th WV Inf	self	#228	(RS)
*Dawson, Lewis J.	Sgt		Co M - 7th OH Ca	(tx Thomas)		(CW)
*Dawson, Martin L.	pvt		Co F - 33rd OH Inf	(tx Thomas)		(CW)
*Dawson, Thomas	pvt		Co I - 5th WV Ca	(tax list)		(RS)
Dean, George W.	pvt	31	Co C - 3rd WV Ca	self	#326	(RS)
Dean, Samuel	pvt		Co H - 5th WV Inf	(listed Baumgardner)	#335(CW)	(RS)
Dean, Samuel	pvt	21	Co H - 9th WV Inf	self	#118	(RS)
Defoe, James	pvt	25	5th WV Inf	(1850 s/Harrison)		(CW)
Dennison, John H.	pvt	15	Co B - 5th WV Ca	Dennison, John	#1282	(RS)
*Diehl, Lewis	pvt	40	Cab Militia	self	#344	(CA)
Dietz (Keitz), John P. (K).	pvt		1st WV Art	self	#435	(CA) 1863-65
Dillon, George (P)	pvt	15	Co G - 13th WV Inf	Dillon, Wm. J.	#609	(RS)
Dillon, William J.	pvt	41	Co G - 13th WV Inf	self	#609	Bartram(Wayne)
Douglas, William H.	pvt	39	Co B - 14th WV Inf	self	#1269	(RS)
Douthet, John		18	POW Guy raid 1861	Douthet, William	#382	(CW)
Douthet, William		50	POW Guy raid 1861	self	#382	(CW)
Douthet, Wm. H.	fifer	20	Co H - 9th WV Inf/1st Vet	Douthet, William	#382	Guyandotte
Drake, Guy F.	Corp	19	Co G - 3rd WV Ca	Drake, Henderson	#879	(RS)
Drake, Osburn	pvt	15	Co I - 9th WV Inf	Drake, Hendeson	#879	(CW)
Dunkle, Henry C.	pvt	26	Co I - 9th WV Inf	self	#634	(RS)
Dunkle, James D.w/Elizabeth	pvt	23	Co G - 1st WV Ca	Dunkle, Daniel	#608	Htgn - Scurvy
Dusenberry, Charles O.	Sutler	31	2nd IN Inf/3rd WV Ca	Dusenberry, Susan	#319	Guyandotte

TORN APART   UNION SOLDIERS

name	rank/age 1861		unit	household 1860 census		source 1890 add/injury
Duxberry(Dusen-), Robt. P.		23	5th WV Ca/Bt B-1st Lt Art	Dusenberry, Susan	#319	(RS)
Earls, David	pvt	21	Co I - 9 Inf/Co D 1 Vet	Earls, Permelia	#81	(RS)
Earls, James	pvt	16	Co I - 9 Inf/Co D 1 Vet	Earls, Permelia	#81	(RS)
Earle, John S.	pvt	19	Co I - 9 Inf/Co D 1st Vet	Earls, Permelia	#81	(RS)
Edens, John	pvt	16	Co A - 13th WV Inf	Edens, Edward	#224	Htgn-shell frag's
Edens, William (A)	Corp	20	Co H - 9th Inf/1st Vet	Edens, Edward	#224	(RS)
Edwards, James M.	Corp	36	Co F - 13th WV Inf	self	#1030	(RS)
Eggers, Joseph	pvt	22	Co G - 1st WV Vet Ca	self	#123	Cox's Land' prison
(dis) 1865 - 24 born Cabell 5'8 1/2" dark complexion, dark eyes, dark hair, shoemaker						(dis)
Elkins, Alexander	pvt	15	Co G-16 KY Inf/Co H 13th WV	Elkins, Wm.	#555	Guyandotte
*Elkins, Archilbald	Corp		Co D - 5th Inf/1st Vet	(tx Harvey /Reece)		(CW)
Elkins, James P.	Corp	19	Co H - 13th WV Inf	Elkins, William	#555	(CA) 1862-65
*Elkins, Milton	pvt	34	Co B - 5th WV Inf	(1850 s/Harvey tx)		(RS)
Elkins, William	pvt	49	Co D - 5th WV Ca	self	#555	(RS)
Emerson, Benjamin	pvt	24	Co E - 7th WV Ca	self	#1094	(RS)
*Engle, Jeremiah	1st Lt	23	Co C - 34th OH Inf	Emerson, Mary		(RS) (dis)
(dis) 1864 age 26 born Philadelphia 5'10" light complexion, blue eyes, auburn hair, bookkeeper						
*Eplin, William	pvt	33	C0 B - 7th WV Ca	(1850 s/Henry tx)		(RS)
Eskin, John	Corp	30	Co F - 1st WV Inf	self	#763	(RS)
Estus, James (H)		39	Co M - 3rd WV Ca	self	#1206	w/Elizabeth 1883 pen
Everett, Wm. W.	pvt	13	Co B - 3rd WV Ca	Everett, T.W.	#487	(RS)
Eves, Thomas M.	pvt	27	Co I - 9th WV Inf	self	#567	Bartram(Wayne)
Evicks, William	pvt	17	Co B,H - 5th WV Inf	Stewart	#437	(RS)
Farley, John	pvt	31	Co I -9th/Co K 1st Ca	self	#871	(RS) GAR or CSA ?
Farrell, Francis M.	pvt	34	Co M - 7th WV Ca	self	#17	(RS)
Feazle, William E.	1st Lt	31	Co C/G -1st Ca - 13th Inf	self	#42	(RS)
Felix, Arnold	pvt	17	Co H - 9th WV Inf	Felix, James	#22	U' Ridge -shot side
*Felix, Julius	pvt	(22)	Co D - 5th WV Inf/1st Vet	(1850 s/James)	#22	Milton
Felix, Werner	pvt	16	Co D - 9th WV Inf	Felix, James	#22	enl' - Guy 1862 (CW)
Ferguson, James(Furguson)	pvt	20	Co H - 9th WV Inf	Ferguson, Joseph	#181	Lesage (no record0
*Ferguson, James	pvt	46	Co I - 13th WV Inf	self	#186	(RS) cem
Ferguson, Jesse	pvt	46	Co I - 9th WV Inf	self	#104	(RS)
(dis) 1865 age 44 born Cabell 5'8" dark complexion, blue eyes, dark hair, farmer						(dis)
Fergurson, Jesse	pvt	16	Co I - 9th WV Inf	Ferguson, James	#186	Lesage (deserter)
Ferguson, Julius (P)	Corp	16	Co G - 5th WV Inf	Ferguson, D.P.	#610	(RS)
Fernatter - see - Vanatter						
Fielder, William	bugler	29	Co M - 7th WV Ca	self	#116	(RS)
*Fife, Joseph	pvt	48	Co G - 13th WV Inf	(1850-70 census)		(RS)
Fisher, Andrew A.	pvt	26	Co G - 13th WV Inf	Bostick	#1040	(RS)
Flowers, Fredrick	pvt	18	Co I - 9th WV Inf	Flowers, John R.	#565	Htgn-chronic diarhea
Flowers, George W.	pvt	21	Co I - 9th WV Inf	Flowers, John R.	#565	Htgn-shot ankles
Flowers, John R. w/Mildred	Sgt	44	Co I - 9th WV Inf	self	#565	Htgn
Fox, James	pvt	14	Co H - 3rd WV Ca	Smith	#1124	(RS)
France, James R.	pvt	26	Co I - 3rd WV Ca	self	#252	(RS)
*France, Sylvester B.	pvt	41	Co B - 5th WV Inf	(1850 self)		(RS)
France, William (H)	pvt	14	Co G - 3rd WV Ca	cem -7 Mile		enl' 63 Ceredo (CW)
(dis) 1865 age 18 born Cabell 5'9" fari complexion, dark eyes and hair, farmer						(dis)
Frances, William	pvt	41	Co H - 10th KY Ca	self	#172	Htgn

TORN APART   UNION SOLDIERS

name	rank/age 1861		unit	household 1860 census		source 1890 add/injury
Freutel, Julius		35	POW Guy raid	self	#7	(CW)
*Fuller, Sylvester B.	pvt	42	Co B - 5th WV Inf	(1850 census)		(RS)
Garrett, John (H)	pvt	24	Co A - 5th Inf/A-1st Vet	Garrett, James	#1130	(RS)
Gebhardt, John w/Margaret	pvt	14	Co H - 5th WV Inf	Gibheart, John	#345	Union Ridge
Gibson, Thomas Jr.	Capt.	40	Co D - 5th WV Ca	self	#1220	(RS)
Gibson, William			Co G - 5th WV Ca	#258 or #1179		(RS)
Gill, William	pvt	24	Co G - 3rd WV Ca	Heath	#777	Tylers Creek

corp Lt. M.S. Hopkins Co. 66 2nd Bat Vet (discharge recorded 1884) (dis)
(dis) medical 1864 age 24 born Staffordshire, England 5'8" fair with blue eyes, auburn hair, farmer

Goode, Thomas	pvt	31	Co B - 7th WV Inf	self	#1038	(RS)
Graham, Marion (F.M.)	pvt	21	Co F - 13th WV Inf	Graham, Jones	#579	(RS)
Grass/Grose						
*Grass, Charles	Sgt		Co H - 7th WV Ca	(? 1850 s/ George)		(RS)
*Grass, Henry	pvt		Co H - 7th WV Ca	(?1850 s/ George)		(RS)
*Grose, George W.	pvt	52	Co F - 7th WV Ca	(1850 Geo. Sr.)		(RS)

(dis) 1865 age 57 born Franklin, Pendleton Co. VA 5'5" fair complexion, grey eyes and hair, saddler

*Grose,(Gra) Theodore W.	pvt	12	Co F - 7th WV Ca	(1850 s/ Geo.W. Grass)		(CW)
*Griffith, James L.			Seaman	(tx - James/Lafayette)		(CW)
Grimes, George W.	pvt	47	Co K - 5th WV Ca	self	#110	(RS)
Grimes, William H.	pvt	15	Co M - 3rd WV Ca	Grimes, Geo. W.	#110	(RS)
Gue, James	pvt	21	Co D - 9th WV Inf	Gue, Linsey	#293	Sheridan(Lincoln)
Gue, Potandy(Pohatten)	pvt	14	Co D - 9th WV Inf	Gue, Linsey	#293	Sheridan(Lincoln)
Gue, Presley	pvt	22	Co D - 9th WV Inf	Gue, Lindsey	#293	(RS)
Gue, Samuel D.		16	Co D - 9th WV Inf	Gue, Linsey	#293	enl' - Guy 1862 (CW)
Guno (Gunnoe), John	pvt	13	Co I - 7th WV Ca	Gunnoe, Ralph	#1057	(RS)
*Guthrie, John Jr.	pvt	49	Co A - 7th WV Ca	(1850 census)		(RS)
*Guthrie, Robert	pvt		Co A - 3th WV Ca	(Cab Tax)		(RS)
*Guthrie, William		46	Co I - 9th WV Inf	(1850 & tx on 9Mile)		(CA)
Gwinn, G. Washington	pvt	32	Co N - 7th WV Inf	self	#1266	Htgn - lung trouble
Hackworth, Geo.	Corp	26	Co C,G - 5th Inf/1st Vet	Reynolds	#1182	(RS) CSA ?
*Hagely, (Hagley) Harrison	pvt	21	Co I - 13th WV Inf	Perry	#189	Cox's Land(no rec.)
Hagely, (Hagley)Joseph	pvt	18	Co I - 13th WV Inf	Perry(s/Joe Sr.)	#189	McCurdy
Hagely, Peter	pvt	37	Co G - 13th WV Inf	self	#190	(RS)
Hager, James	pvt	20	Co I - 13th WV Inf	Hager, Joseph	#1070	(RS)
Hager, Joseph	pvt	44	Co I - 13th WV Inf	self	#1070	(RS)
Hall, James R.	pvt	15	CoD - 3rd WV Ca	Hall, John	#1087	(RS)
Hall, John C.	pvt	44	4 possible units	self	#1087	(RS)
*Hamlin, McThomas	pvt		Co H - 6th OH Ca	discharge recorded 1884		(no info)
*Hannah, Joseph	bugler		Co I - 3rd WV Ca	(tax list)		(RS)
*Hannan, Thomas	pvt		Co I - 3rd WV Ca	(tax list)		(RS)
Harless, James (A or B)	pvt	25	Co B - 7th WV Ca	self	#675	(RS)
Harless, Joseph (M)	pvt	13	Co B - 7th WV Ca	Harless, Wm.R.	#676	(RS)
Harless, William	pvt	45	Co B - 7th WV Ca	self	#676	(RS)
Harman, Thomas (F)	pvt	18	Co G - 4th WV Ca/2Vet	Harman, John M.	#968	(RS)
Harris, John	pvt	25	5th or 9th Inf	Harris, Samuel	#697	(RS)
Harrison, William	pvt	24	Co K - 3rd WV Ca	Harrison, Wm. Sr.	#499	(RS)
Harshberger, Jacob R.	Corp	47	Co O - 6th Inf	self	#1186	(RS)

TORN APART   UNION SOLDIERS

name	rank/age 1861		unit	household 1860 census		source 1890 add/injury
*Harshbarger, John	Capt	(23)	Co G - 3rd WV Ca	(1850 s/ David)	#6	Milton - inj-breast
(dis) 1865 age 24 born Cabell 5'8" dark complexion, dark eyes, dark hair, farmer						(dis)
*Harshbarger, John P.	pvt	17	Co G - 3rd WV Ca	(1850 s/ Jacob)	#1186	Milton
Harshberger, Peter C.	pvt	19	Co - G - 1st WV Ca	#6 or #1186		(RS)
Harshbarger, Peter E.		20	Co D - 5th WV Inf	(1850 s/David)	#6	(CW)
Harvey, James (F)	pvt	18	Co G - 7th WV Ca	Harvey, John	#1085	(RS)
Harvey, John	pvt	24	Co G - 7th WV Ca	Harvey, John Sr.	#1085	(CW)
Hatfield, Benjamin	pvt	21	Co H - 9th WV Inf	Hatfield, A.L.	#286	(RS)
Hatfield, Henry (W)	Sgt	14	Co K - 3rd WV Ca	Hatfield, Henry	#805	(RS)
Hayslip, Carey B.	Capt.	19	Co D - 1st WV Vet Inf	Peters (s/T.J.)	#381	Guyandotte
Hayslip, T.J.		53	POW Guy raid 1861	self	#420	(CW)
Heath, John (M)	pvt	18	Co G - 7th WV Ca	Heath, Sarah	#777	(RS)
Heath, Joshua K.	1st Sgt	22	Co G - 3rd Wv Ca	Heath, Sarah	#777	en'l Pt.Pleasant 62(CW)
(dis) 1865 age 23 born Cabell 6'4 1/2" fair complexion, blue eyes, dark hair, farmer						
*Heinrich, Gottleib	pvt		Co H - 5th WV Inf	(Heinrich, Chas.	#341)	Union Ridge
Henry, Lewis	pvt	26	Co A - 5th WV Ca	self	#276	(RS)
Hensley, F.G. (Fretwell)	pvt	37	- 11th WV Inf	self	#643	(CA)
Hensley, William Byrd	pvt	22	Co G - 5th Inf/1st Vet	Hensley, Byrd	#315	(RS) CSA?
Herndon, James (M)	Sgt	49	Co O - 6th WV Inf	self	#250	(RS)
Hiltburner, Stephen		19	Co H - 9th Inf/1st Vet	Hiltburner, Jacob	#371	en'l - Guy 1861 (CW)
Hinchman, Adam	Sgt	18	Co G - 3rd WV Ca	Hinchman, Wm.	#360	en'l - Guy 1862 (CW)
(dis) 1865 age 19 born Cabell 5'9" fair complexion, blue eyes, light hair, farmer						(dis)
Hinchman, Lewis S.(L)	Sgt	22	Co D - 9th Inf/1st Vet	Hinchman, Wm.	#360	en'l - Guy 1862 (CW)
(dis) 1864 age 25 born Cabell 6'1" light complexion, blue eyes, light hair, farmer						(dis)
Hinchman, William		60	POW Guy raid 1861	self	#360	(CW)
Hite, Frank	pvt	41	Co D - 9th WV Inf	self	#457	(RS)
*Hite, Wm. B.	pvt	26	Co A - 1st WV Cav			obit
*Hoback, Alexander	wagon		Co B - 5th WV Inf	(? s/Lorenzo tx)		(RS)
Holderby, Henry C.	pvt	15	Co M - 3rd WV Ca	Wrigth, Ed	#624	en'l'64 d/typhoid -CW
*Holderby, William R.	pvt	19	Co H - 6th OH Ca	(1850 s/ James)		Htgn
*Holdroyd, Allen (CW)	pvt	21	Co G - 3rd WV Ca	(1850 s/John W.)		en'l-B'ville 1862 KIA '64CC
*Holdroyd, John	Corp	31	Co G - 3rd WV Ca	(1850 s/ John W.)		B'ville -en'l-Guy 62CW
(dis) 1865 age 32 born Cabell 5'7 1/2" dark complexion, blue eyes, light hair, plasterer						(dis)
*Hollenback, Daniel	Corp	43	Co E - 101th Reg PA	Hollenback, Martin		family history
*Holenback, John	pvt	15	Co A - 1st WV Vet	(1850 s/Henry)		(RS)
*Hollenback, Leonidas R.	pvt	21	Co G - 1st WV Ca	(1850 s/Henry)		(RS)
Holley, Andrew	pvt	16	Co G - 1st WV Vet	Holley, William	#942	(RS)
*Holstein, Albert J.	pvt	19	Co G - 7th WV Ca	(1850 s/Allen)		(CW)
Holstein, James R.	Sgt	17	Co G - 11th WV Inf	Holstein, Wm. A.	#1054	(RS)
*Holstein, Leftridge	Corp	18	Co B - 7th WV Ca	(1850 s/ Allen)		(RS)
*Holstein, Perry	pvt	14	Co D - 7th WV Ca	(1850 s/ Allen)		(RS)
Holstein, Wm. A.	pvt	40	Co B - 7th WV Ca	self	#1054	(RS)
Holton, Alfred	pvt	29	Co I - 7th WV Ca	self	#939	(CW)
Holton, William	pvt	25	Co B - 7th WV Ca	#912 or #949		(RS)
Howard, Aaron w/Lyda	pvt	36	Co F - 117th OH Inf	self	#611	Cox's Land'g-d/spinal
Howard, John	pvt	31	Co D - 6th WV Inf	Winters	#170	(RS)
Howard, William (H)	pvt	13	Co G - 1st WV Inf	Howard, Aaron	#611	(RS)
Howell, John H.	pvt	28	Co C - 14th WV Inf	self	#145	(RS)

TORN APART   UNION SOLDIERS

name	rank/age 1861		unit	household 1860 census		source 1890 add/injury
*Hughes, Fleming T.	pvt		Co L - 7th WV Ca	(tx - Spostwood)		(CW)
Hull, John T.	pvt	30	Co I - 1st WV Ca	self	#538	(RS)
Hunter, Charles	pvt	23	Co G - 6th WV Inf	Hunter, Elizabeth	#896	(RS)
Hunter, William	pvt	15	Co B - 6th WV Inf	Hunter, El'bh	#896	(RS)
*Insco, Ennis	pvt		Co K - 194th OH Inf	brother?		(CW)
Insco, James	pvt	25	Co K - 5th WV Inf	Still, E.H.	#531	Htgn
*Insco, Joseph	pvt	15	- 9th WV Inf	(1870 Guy #25)		(CW)
Jarrell, Ambrose(Jarrold)	pvt	29	Co B - 5th WV Inf	self	$564	(RS)
Jefferson, Thomas	pvt	41	Co H - 7th WV Ca	self	#206	(RS)
Jefferson, William(D)	pvt	29	Co I - 6th WV Inf	self	#1145	(RS)
*Jenkins, John J.	pvt	16	Co E, A, F - 7th WV Inf	(1850 s/Anderson)		(RS)
Johnson, Andrew J.	Sgt	27	Co D - 6th WV Inf	self	#789	(RS)
Johnson, Andrew J.	Sgt	37	Co K - 5th WV Inf	self	#796	(RS)
Johnson, Columbus	pvt	15	Co G - 3rd WV Ca	Johnson, Minerva	#795	(RS)
Johnson, D.A.(David)		23	POW Guy raid 1861	Johnson, Alex	#520	(CW)
Johnson, David (T,S,D)	pvt	23	Co H - 5th WV Ca	Johnson, Alex	#520	(RS)
Johnson, Harvey	pvt	24	Co G - 4th WV Inf	Johnson, Andrew	#792	(RS)
Johnson, Henry	pvt	14	Co K - 3rd WV Ca	Johnson, Lott	#1068	(RS)
Johnson, James D.	Corp	35	Co G - 11th WV Inf	self	#794	Htgn -inj eye/ breast
Johnston, James (M)	pvt	14	Co I - 5th WV Ca	Johnson, Madison	#1161	(RS)
Johnson, John	pvt	18	5th WV Ca	Johnson, Wm	#791	(RS)
Johnson, John	pvt	39	5th WV Ca	self	#790	(RS)
Johnson, John L.	pvt	32	Co D - 9th WV Inf	Johnson, James	#521	(RS)
Johnson, Joseph	pvt	20	Co I - 5th WV Ca	Johnson, Lott	#1068	(RS)
*Johnson, Lewis	pvt	49	Co D - 13th WV Inf	(1850-70 census)		(RS)
Johnson, Marion	pvt	17	Co E - 4th WV Ca	Johnsonn, Merritt	#759	(RS)
Johnston, Napoleon B.	Sgt	19	Co G - 3rd WV Ca	Johnson, Samuel	#517	Htgn-enl'-Guy '62
(dis) 1865 age 21 born Cabell 5'11" fair complexion, blue eyes, dark hair, farmer						(CW)
Johnson, Samuel	1st Lt	27	Co G - 5th WV Ca	Johnson, Alex	#520	(RS)
Johnson, Thomas	pvt	15	Co I - 5th WV Ca	Johnson, Lott	#1068	(RS)
Johnson, William	pvt	16	Co F - 7th WV Ca	Johnson, Andrew	#792	(RS)
Johnson, William (H)	pvt	21	Co I - 13th WV Inf	Johnson, John	#752	(RS)
Johnson, Wm. W.	6th Sgt	14	Co G - 3rd WV Ca	Johnson, Harvey	#787	enl' - Ceredo'63 (CW)
(dis) 1865 age 18 born Cabell 6'@' fair complexion, blue eyes, dark hair, farmer						(dis)
Jones, Samuel	pvt	27	2 possible units	Roberts	#954	(RS)
Jones, William (E or F)	pvt	38	Co F - 1st WV Ca	self	#1	(RS)
Jones, Wiliam H.	QM Sgt	22	Co A,G - 1st WV Ca	Vickers	#893	(RS)
Jordan, John W.	pvt	15	Co L - 7th WV Ca	Jordan, Wm.	#1225	(CW)
Jordan, Samuel	pvt	23	Co L - 7th WV Ca	self	#1154	(CW)
Jordan, William	pvt	46	Co E- 13th WV Inf	self	#1225	(RS)
Justin (Justice),Harrison	Farrier	26	Co B,G - 1st WV Ca	self	#20	(RS)
Keck, Daniel B.	pvt	17	Co D - 9th Inf/1st Vet	Keck, John	#739	(RS)
Keck, John	pvt	39	Co G - 3rd WV Ca	self	#739	(RS)
Keck, Phillip	Corp	15	Co D - 9th Inf/1st Vet	Keck, John	#739	(RS)
Keck, William	pvt	13	Co G - 3rd WV Ca	Keck, John	#739	(RS)
Keller, John	pvt	24	Co M - 3rd WV Ca	Keller, Adam	#600	(RS)
*Kelly, James A.	pvt	28	Co D - 91 OH Inf	(1850 s/Adam)		Love
*Kelly, James	pvt	29	Co K - 5th WV Ca	(1850 s/Adam)		(RS)

TORN APART   **UNION SOLDIERS**

name	rank/age 1861		unit	household 1860 census		source 1890 add/injury
Keyton, John L.	pvt	16	Co L - 6th WV Inf	Keyton, Riland	#1155	(RS) GAR/CSA
*King, James	pvt	19	Co F - 13th WV Inf	(1850 s/William)		(RS)
King, John	pvt	32	Co K - 1st WV Ca	self	#1037	(RS)
King, Sampson S. w/Mary	pvt	30	Co D - 9th WV Inf	self	#270	Milton - DIA
Kirk, John w/Jemima	pvt	36	Co D - 9th WV Inf	self	#272	Sheridan(Lincoln)
Knight, George T.	pvt	47	Co D - 1st WV Inf	self	#201	(RS)
Knight, James	Sgt	19	6th Ca/6th Inf	Knight, Mathew	#231	(RS)
Knight, John	pvt	28	Co D - 1st WV Ca	Knight, Geo.	#201	(RS) or #69
Knight, Leonard	Corp	16	Co I - 9th WV Inf/1st Vet	Knight, Abselom	#191	(RS)
Knight, Nimrod	pvt	19	Co C - 13th WV Inf	Knight, Henry	#212	(RS)
Knight, William	pvt	16	Co B - 7th WV Ca	Knight, Mathew	#231	(RS) see below
Knight, William (D)	pvt	21	Co L - 3rd WV Ca	Knight, Henry	#212	(RS) see above
Kyle, Peter	pvt	22	- 13 WV Inf	Kyle, Samuel	#107	enl' - Guy 1864 (CW)
Kyle, Thomas		64	POW Guy raid 1861	self	#24	(CW)
Laidley, George	pvt	20	Co D - 3rd WV Ca	Laidley, John	#470	(RS)
Lattin, David (D.S.)	pvt	29	Co G - 5th WV Inf	Lattin, Charles	#29	Milton
(dis) 1865 age 28 born Dutchess Co. NY 5'8" light complexion, black eyes, light hair, blacksmith						
Lawrence, Charles M.	Corp	43	Co E - 9th WV Inf	self	#1021	(RS)
(dis) 1865 age 18 born Monroe Co. VA 5'6" fair complexion, blue eyes, light hair, farmer (sign Lt. Jacob Plybon)						
Lawrence, John	pvt	47	CoA - 7th WV Ca	self	#1047	(RS)
Lawrence, Joseph	pvt	23	Co A - Inf Ind Exemps	Law'rce, Charles	#914	(RS)
Lawrence, Preston	Corp	20	Co H - 13th WV Inf	Law'rce, Charles	#914	(RS)
Lawrence, William	pvt	27	Co D - 15th WV Inf	self	#917	(RS)
Lawson, John	pvt	29	Co B - 5th WV Inf	self	#1026	(RS)
Lawson, Joseph	pvt	37	Co G - 7th WV Ca	self	#1023	(CW)
Lawson, William	pvt	31	Co G - 7th WV Ca	self	#1024	(CW)
Legg, John	pvt	13	Co A - 7th WV Ca	Legg, Willis	#1199	(RS)
Lesage, Francis J.	2nd Lt	25	Co G - 3rd WV Ca	self	#203	Lesage-enl' Cer '62
Lesage, Joseph A.	Sgt	23	Co G - 1st WV Ca	Lesage, Julius	#205	Miller, OH
LeSage, Julius	Sgt	50	Co G - 1st WV Ca	self	#205	(RS)
Long, William	pvt	42	Co I - 7th WV Inf	self	#131	(RS)
*Love, William	pvt	20	4th Inf/2nd Vet	(1850 s/Danl.)	#1287	(RS)
Lucas, John	pvt	21	Co D - 1st WV Ca	Lucas, Parker	#720	(RS)
Lucas, William	pvt		Co H - 9th WV Inf	#105, #674, #862		(RS)
Lunceford, William T.	Sgt	20	Co H - 9th WV Inf	Luncef'd, Joshua	#1207	(RS)
Malcolm, Charles	pvt	14	Co M - 3rd WV Ca	Malcomb, John	#1263	enl' -Char'-64-DIA
Malcom, William T.	pvt	18	Co G - 3rd Ca(Witcher)	Malcom, John	#1263	(RS)
Martin, Andrew	pvt	41	Co I - 13th WV Inf	self	#147	(RS)
Mason, George	pvt	39	Co B - 6th Inf/3rd Ca	self	#387	(RS)
Mathews, John	pvt	26	3 units	Smith	#259	(RS)
Mathews, William	pvt	13	Co F - 5th WV Ca	Mathews, Samuel	#529	(RS)
Mayo, Joseph	pvt	27	Co I - 9th Inf/1st Vet	self	#481	(RS)
*May(s), Jacob	OrSgt	21	Co F - 9th Inf/1st Vet	Mays, Jacob	#1035	
Mays, John D.			Co G/M - 3rd WV Ca	self	#83	(CA) 64 - GAR/CSA
Mays, Joseph (T)	pvt	16	Co K - 3rd WV Ca	Mays, Charles	#93	(RS)
McAllister, Allen	pvt	31	Co D - 2nd WV Ca	McAlister, Olivia	#1176	(RS)
McCallister, James	Corp	27	Co C - 2nd WV Ca	self	#779	(RS)
McClure, William	pvt	26	Co G - 1st WV Ca	self	#1060	(RS) other units

TORN APART   UNION SOLDIERS

name	rank/age 1861		unit	household 1860 census		source 1890 add/injury
McComas, Benjamin	pvt	21	Co G - 7th WV Ca	McC's, Harrison	#707	(CW)
McComas, Blackburn	pvt	17	Co M - 3rd WV Ca	McC's, Harrison	#707	(RS)
McComas, Elisha	pvt	13	Co M - 3rd WV Ca	McC's, Harrison	#707	enl' -B'ville '64 (CW)
McComas, Elisha W.	pvt			(s/Wm/bro Ham)	#63	(CW)
*McComas, Hamilton C.	Col.	30		(1850 s/Wm.)	#63	(CW)
McComas, John M.	pvt	39	Co I - 9th Inf/1st Vet	self	#1247	(RS)
McComas, John (W)	pvt	22	Co M - 3rd WV Ca	self	#119	Howells (2 others)
McComas, Milton	pvt	37	Co M - 3rd WV Ca	McC', Aquilla	#881	enl' Chas'n'64-(CW)
McComas, Peyton W.	pvt	18	Co D - 1st WV Inf	McLeary	#238	Ona -leg wound
McComas, Wm. P.	pvt	22	Co M - 3rd WV Ca	McC', Elizabeth	#882	enl' -B'ville '64 - CW
McConnell, William	Corp	40	Co D - 2nd WV Ca	self	#516	(RS)
McCorkle, James	Sgt	40	Co G - 1st WV Ca	self	#587	(RS)
McCoy, Robert	pvt	44	Co I -5th Ca/Co E/B 3rd Ca	self	#858	(RS)
McGinnis, Achilles	1st Lt	35	Co H - 7th WV Ca	self	$630	(RS)
McGinnis, John	pvt	25	Co D - 6th WV Ca	McGinnis, A.A.	#486	(ES)
McLeary, Robert	pvt	26	Co K - 6th WV Inf	self	#238	(RS)
McMillen, James W.	Corp	30	Co D - 9th WV Inf	self	#742	(RS)
*McVickers, Hillary		29	POW Guy raid 1861	(1850 s/ Archibald)		(CW)
*McVickers, Hillary	pvt	29	Co K - 9th Inf/1st Vet	(1850 s/ Archibald)		(RS)
Merritt, Joseph (Merrill)	1st Lt	25	QM - 9th WV Inf	Merritt, Melchor	#87	(RS)
Messinger, John	pvt	22	Co B - 1st WV Ca	Ms'ger, Nicholas	#740	(RS)
Messinger, William	pvt	44	Co A - 7th WV Inf	self	#137	(RS)
Michael, John (D)	Sgt	19	Co M - 4th WV Ca	Michael, Wm.	#1108	(RS)
Michael, William (M)	pvt	41	Co E/B - 3rd WV Ca	self	#1108	(RS)
Midkiff, Alexander	pvt	17	Co C - 13th WV Inf	Midkiff, Spencer	#762	(RS)
Midkiff, James (A)	saddler	16	Co L - 7th WV Ca	Midkiff, Lewis	#659	(RS)
Midkiff, John (L)	pvt	25	Co M - 7th WV Ca	self	#660	(RS)
Miller, Charles	pvt	22	Co I - 3rd WV Ca	Miller, Wm.	#58	(RS)
Miller, Charles W.	pvt	40		self	#340	w/Caroline 1883 cen
Miller, Frank D.	pvt	17	Co H - 3rd WV Ca	Miller, Wm.	#58	(RS)
Miller, Frederick	pvt	16	Co D - 9th WV Inf	Miller, Joycey	#648	enl' - Guy 1863 (CW)
Miller, Henry	pvt	34	Co E - 13th WV Inf	self	#741	(RS)
Miller, Jacob	pvt	47	Co C - 9th WV Inf	self	#1027	(RS)
Miller, John	pvt	15	Co M - 3rd WV Ca	Miller, Wm.	#58	(RS)
Miller, John W.	Corp	14	Co T - 9th WV Inf	Miller, Wm. C.	#58	(RS)
Miller, William R.	pvt	30	Co H - 6th OH Ca	self	#960	Guyandotte
Mills, John	pvt	44	Co F - 5th WV Inf	self	#25	(RS)
Mitchell, John (J.)	pvt	14	Co I - 7th WV Ca	Mitchell, Wm.	#456	(RS)
Mitchell, William	pvt	42		self	#456	w/Elizabeth 1883 pen
Montgomery, Alex (G)	Corp		Co E - 5th WV Ca	McLeese	#66	(RS)
Moore, Alexander	pvt	30	Co I - 9th Inf/1st Vet	self	#687	(CW)
*Moore, Gradison	Corp	39	Co E - 13th WV Inf	(1850 s/Nancy)		(RS)
*Moore, Martin L.	pvt	31	Co C/K - 5th WV Inf	(1850 s/Nancy)		(RS)
*Moore, Samuel	Corp	29	Co H - 5th WV Ca	(1850 s/Nancy)		(RS)
Moore, William	pvt	46	Co C - 9th Inf/1 st Vet	self	#1063	(RS)
Moore, Wilson	pvt	41	Co F - 13th WV Inf	self	#36	(RS) GAR/CSA
Morey, Frank		45	POW Guy raid	self (B'ville)	#46	(CW)
Morris, Benjamin	music	31	1st WV Ca	self	#819	(RS)

TORN APART   **UNION SOLDIERS**

name	rank/age 1861		unit	household 1860 census		source 1890 add/injury
Morris, Charles E.	OmSgt	41	Co D - 3rd Ca/Utts	self	#320	(RS)
Morris, John	pvt	16	Co G - 9th Inf/1st Vet	Morris, Charles	#320	(RS) (or #1174)
Morris, John (L)	pvt		Co C - 4th WV Ca	$521 or #617		(RS)
Morris, Thomas	pvt	14	Co E - 3rd Ca/Bowens	Morris, Charles	#320	(RS) GAR/CSA
Morris, William	Corp	43	Co E - 5th WV Ca	self	#615	(RS)
Morris, William H.	pvt	33	Co C/H/ - 7th WV Ca	self	#927	(RS)
Morrison, James	pvt	20	Co E - 5th VA Inf	Morrison, Washgtn	#1148	Ona
Morrison, Thomas	pvt	24	Co A - 3rd WV Ca-Congers	self	#844	(RS)
Nance, Clement	pvt	38	Co G - 1st WV Ca	self	#668	(RS)
Nelson, William (I)	pvt	14	3rd WV Ca	Nelson, Jonathan	#977	(RS)
Nesmith, Wm. H. (W)	pvt	23	Co F - 4th Inf/2nd Vet	Nesmith, John	#453	(RS)
Newman, Addison	pvt	25	Co G - 3rd WV Ca	Newman, Russell	#361	(RS)
(dis) 1865 born (possible Lincoln Co - no other info)						(dis)
Newman, Albert M.	pvt	22	Co D - 91th OH Vol Inf	(Newman, Harvey)	#246	Lesage
			Co G - 4th WV Inf			
Newman, Alex	pvt	19	Co D/G - 1st WV Cav	Newman, Alex Sr.	#74	(CW) POW 1861
*Newman, Greenville	pvt	15	Co G - 1st WV Vet	(1850 s/ Peyton)		(RS)
*Newman, Henry (C)	pvt	17	Co K - 4th WV Inf	(1850 s/James)	#995	(RS) GAR/CSA
*Newman, James	pvt	16	Co D - 1st WV Ca	(1850 s/James)	#995	(RS)
*Newman, John Morris	Corp	18	Co H - 6th OH Cav	(1850 s/Peyton)		Htgn
*Newman, Joseph (B)	pvt	15	Co A - 2nd WV Ca	(1850 s/ Alex)	#74	(RS)
*Newman, Leroy	Corp	23	Co H - 13th WV Inf	(1850 s/Vincent)		Htgn
Newman, Milton	Sgt	20	Co G - 3rd WV Ca	Newman, Russell	#361	Milton('Guy '62-CW)
(dis) 1865 age 19 born Cabell 6'1 1/2" light complextion, blue eyes, red hair, farmer						(dis)
*Newman, Payton	pvt	32	Co I - 9th Inf/1st Vet	(1850 census)		(RS)
Newman, Winston w/Sarah	pvt	32	Co A - 187th OH Inf	self	#76	B'ville
Nisely, James w/Elizabeth	pvt	15	Co G - 3rd WV Ca	Nicley, Zachariah	#802	Sarah(' Guy '62-CW)
Nicely, James	pvt	30	Co D - 9th Inf/1st Vet	self	#70	(RS)
*Nicely, James	pvt	48	Co G - 3rd WV Ca			
(dis) 1865 ages 52 born Cabell 5'6" light complexion, Blue eyes, light hair, famrer						(dis)
Nicely, Zachariah	Sgt	49	Co D - 9th Inf/1st Vet	self	#802	(RS)
Nipps, Samuel	Corp	26	Co G - 3rd WV Ca	self	#266	(RS)
Noel, (Nowell), Willis	pvt	19	Co D - 9th Inf/1st Vet	Nowell, Winston	#736	(CW)(RS)
(dis) 1864 age 23 born Cabell 6' dark complexion, grey eyes, brown hair, farmer						(dis)
Ohh(Ohi), John	pvt	28	Co K - 1st WV Inf	self	#542	(RS)
Ong, Ernest	Sgt	16	Co I - 13th WV Inf	Ong, Isaac	#366	(RS)
*Owen, Henry T.	Corp	26	Co H - 13th WV Inf	(1850 s/Eppy)	#570	(RS)
Owens, James (H)	pvt	22	Co H - 13th WV Inf	Owens, Eppy	#570	(RS)
Parish, James (S)	pvt	44	Co G - 1st WV Inf	self	#1218	(RS)
*Parsons, Edward M.	pvt	20	Co - 3rd US Inf(Campbell's)			(dis)
(dis) 1865 age 22 born Lawrence Co. IN 5'5" rudy complexion, blue eyes, light hair, farmer						
Parsons, George	pvt	16	Co M - 7th WV Ca	Parsons, Geo.W.	#689	(RS)
Parsons, James	pvt	19	Co D - 9th Inf/1st Vet	Gue, Linsey	#293	enl' - Guy 1862 (CW)
Parsons, John	pvt	19	Co G - 3rd WV Ca	Parsons, Geo.W.	#689	(RS)
Parsons, John (A)	Corp	19	Co M - 7th WV Ca	(tx Tom Parsons)		(RS)
Parson, John R.	pvt		Co H - 7th WV Ca	#868 or 689		(RS)
Paine, Charles (W)	pvt	30	Co G - 7th WV Ca	self	#1224	(RS)
Payne, Henry	pvt	39	Co B - 9th WV Inf	Payne, William	#473	(RS)

TORN APART   UNION SOLDIERS

name	rank/age 1861		unit	household 1860 census		source 1890 add/injury
Payne, John (T)	pvt	18	Co F - 3rd WV Ca	Thompson	#12	(RS)
Payne, Simeon	Corp	41	Co D - 9th Inf/1st Vet	self	#291	(RS)
Payton/Peyton						
Perry, Benjamin	Sgt	19	Co K - 4th Ca/Barkers	Perry, Benj. Sr.	#770	(RS)
Perry, John (E)	pvt		Co K - 4th Ca/Barkers	Perry, Benj. Sr.	#770	(RS)
Perry, William E.(B)	pvt	29	Co G - 7th WV Ca	self	#780	(RS)
Peterman, Ralph	pvt	46	Co I - 9th WV Inf	self	#436	(RS)
Petit, William	pvt	19	Co E - 5th WV Inf	Petit, Hugh	#439	(RS)
*Peyton, Catlett	pvt	14	enl' - Guy -1864 - 13th WV	('50 s/ Chas)	#830	POW - died(CW)
*Peyton, Charles	teamster	30	Co H - 9th WV Inf	('50 s/Chas)	#830	Milton 2 prisons
Payton, (Dr.) John W.	pvt	41	Co G - 13th WV Inf	Peyton, S.M.	#148	(RS)
Peyton, William (F)	Sgt	37	Co K - 3rd WV Ca	self	#830	GAR & CSA
Payton, William H.(M)	pvt	18	Co G - 7th WV Ca	Payton, John	#664	(RS)
Pine, William	pvt	19	Co K,E - 2nd WV Ca	Harrison	#20	(RS)
*Plybon, Jacob	1st lt	23	Co H - 13th WV Inf	(1850 s/John)	#566	(RS)
Plybon, James C.	pvt	26	Co H - 13th WV Inf	self	#571	Htgn
Plybon, Lewis	pvt	18	Co I - 9th Inf/1st Vet	Plybon, John	#566	(CW)
Pollard, John C. (JC)	pvt	21	Co C - 3rd WV Ca	Poague	#490	(RS)
(dis) 1865 age 24 born Greenup Co. KY 5'6 1/2" dark complexion, dark eyes, dark hair						(dis)
*Poor, Mark	Capt		Co A - 1/5th Inf/1st Vet	(1850 s/Elisha)	#1245	(CA-RS)
Porter, Alexander	artif	49	Co G -3rd WV Ca	self	#269	Sarah-thrown horse
Porter, Jacob	pvt	20	Co E - 1st WV Inf	Porter, Jeral	#842	(RS)
Porter, James	Sgt	40	Co I - 12th WV Inf	self	#837	(RS) doubtful**
Porter, John	pvt	16	Co B - 14th KY Ca	Porter, Alexander	#269	Balls Gap
Porter, John L.	pvt	26	Co G - 3rd WV Ca	Hunter	#683	Sarah
Porter, Joseph	pvt	17	Co E - 1st WV Inf	Porter, Anna	#547	(RS)
Porter, Lewis	pvt	24	Co I - 9th WV Inf	self	#667	(CW)
Porter, Samuel	pvt	31	Co D - 9th WV Inf	self	#758	enl' - Guy 1862(CW)
Porter, William	pvt	29	Co L - 4th Ca/McDonalds	self	#685	(RS)
Poteet(Patett), James W.			POW Guy raid 1861	622 or 1251		(CW)
Powell, Henry	pvt	18	Co A - 7th WV Ca	Powell, Henry	#936	(RS)
Price, George L.	pvt	12	Co E - 3rd WV Ca	Price, Joseph	#398	(RS)
Price, Joseph B.	pvt	46	Co E - 4th WV Inf	self	#398	(RS)
Pridemore, Joseph	Sgt	34	Co K - 3rd WV Ca	self	#1025	(RS)
Pullen(s), William	pvt	36	Co G - 4th WV Inf	self	#932	(RS)
Pulley, John	pvt	15	Co K - 5th WV Inf/1st Vet	Pulley, William	#183	(RS)
Rains, William	pvt	16	Co G - 11th WV Inf	Butcher, T.J.	#262	Htgn obit
Ratcliff, James	pvt	17	Co B - 5th WV Inf/1st Vet	Ratcliff, Jane	#543	(RS)
Ratliff, Ephraim	pvt	15	Co I - 9th WV Inf	Ratcliff, Jane	#543	(CW)
Ray(Roy)						
Ray, Albert	pvt	16	CoH - 13thWV Inf	self	#575	(RS)
Ray, Andrew S.	pvt	24	Co(O)-7th WV Ca	Ray, William	#836	Milton -sun stroke
Ray, Benjamin	pvt	14	CoG - 5thWV Inf	Ray, Isiah	#577	(RS)
Ray,(Wray/Roy) Isaac	pvt	50	Co A - 7th WV Ca	self	#700	(CA)
Ray, John	pvt	18	Several units	Ray, William	#836	(RS)
Ray, Joseph B. w/Lucretia	Sgt	17	Co G - 1st WV Inf	Ray, Isaiah	#577	Htgn -chronic diarhea
Rece, John			several units	#251,#485,#1188		(RS)
*Rece, Joseph	Capt	32	Co K - 6th WV Inf	(1850 s./Abia)	#1190	(RS)

TORN APART   UNION SOLDIERS

name	rank/age 1861		unit	household 1860 census		source 1890 add/injury
Riggs, James	pvt	24	Co K - 5th WV Inf	self	#495	Htgn
Roach, Wm.	pvt	27	Co B - 4th Inf/2nd Vet	self	#1268	(RS)
Roberts, Andrew	pvt	12	Co B - 4th Inf/2nd Vet	Roberts, Wm.	#1067	(RS)
Roberts, George	pvt	33	Co E - 1st WV Inf	self	#603	(RS)
Roberts, Henry	waggoner		Co C - 1st WV Inf	#958 or 974		(RS)
Roberts, James M.	pvt	43	Co B - 7th WV Inf	self	#505	(RS)
Roberts, John	pvt		several units	4 possible		(RS)
Roberts, John H.	pvt	16	3rd Ca/Lt At.	Roberts, Andr'sn	#1236	(RS)
Roberts, Richard J.	pvt	23	Co G - 3th WV Ca	self	#290	B'ville -measles
Roberts, Thomas (N)	Sgt	33	Co B - 4th WV Ca	self	#957	(RS)
Roberts, William (G)	Corp	47	Co B - 1st WV Inf/2 Vet	self	#1075	(RS)
Roberts, William H.	pvt	38	Co F - 2nd Vet	self	#1067	(RS)
Rogers, George	pvt	19	Co I - 6th WV Inf	Rogers, William	#45	(RS)
Rogers, John	pvt	21	Co D - 6th WV Inf	Beuhring	#491	(RS)
*Rogers, James W.	pvt		Co D - 3rd WV Ca	(tx s/James or s/Michael)		(RS)
Rogers, Thomas M(N)	Sgt	16	Co B - 4th WV Ca	Rogers, William	#45	(RS)
Rogers, William C.	Sgt	32	Co D - 3rd WV Ca	self	#412	(RS)
Rogers, William S.	Sgt	46	Co F - 9th WV Inf	self	#45	(RS)
Rose, George w/Cynthia	pvt	30	Co - 8th WV Inf	self	#1187	Htgn -KIA
Rose, Samuel	Sgt	32	Co L - 1st WV Ca	Hickley	#1006	(RS)
*Ross, James			2nd WV Art	(tx s/Samuel)		(CA)
*Ross, John			2nd WV Inf/5th WV Inf	(tx s/Samuel)		(CA)
Ross, Robert	pvt	46	Co I - 6th WV Inf	self	#273	(RS)
Roy see Ray						
Rouse, Dr. James H.		26	POW Guy raid	hotel	#454	(CW)
Rousey, James S.	pvt	50	Balls Co. State Guard	self	#812	Milton
Row(e), Uriah	Corp	19	Co A/B - 5th Inf/1st Vet	hotel	#492	(RS)
Rowsey, William T.	pvt	21	Co A/Co D - 14 KY Inf	Rousey, James S	#812	Htgn
Samuels, H.J.			Adj Gen of state of WV	self	#15	(CW)
Sartin, John (W)	pvt	33	- 3rd WV Ca	self	#875	(RS)
Schmidt, Frank w/Anna	pvt	33	Co H - 5th WV Inf	Smith Frank	#343	Union Ridge
(dis) 1864 age 39 born Saxony (GER) 5'7" fair, brown eyes, brown hair, farmer						(dis)
Schultz, Jacob B	color sgt	16	Co A - 1st WV Inf	Schultz, Joseph	#343	Lesage
Scites/Sites-Sichtes						
Scites, Christopher	pvt	50	Co G - 3rd WV Ca	self	#706	(RS)
*Scites, Christopher A.	pvt	20	Co G - 3rd WV Ca	(1850 s/John)		(RS)
Scites, Hiram	pvt	12	Co G - 3rd WV Ca	Scites, Chris.	#706	(RS)
Scites, John	pvt	47	5th WV Inf	self	#798	(CW)
Scites, Thomas J.	pvt	22	Co D - 1st WV Vet Ca	Hatfield	#125	(CW)('50s/John)
(dis) 1865 age 23 born Cabell 6' fair, grey eyes, light hair, farmer						(dis)
Seamonds, William	pvt	22	-	Rece	#485	Milton
Shelton, Thomas	pvt	32	Co B - 7th WV Ca	self	#28	(RS)
Shipe, Charles W.	Sgt	25	Co G - 3rd WV Ca	self	#44	B'ville wound thigh
(dis) 1865 - blank - blacksmith						(dis)
Shoemaker, Charles	pvt	24	Co F - 3rd WV Ca	Simmons	#313	(RS) GAR or CSA?
Short, Skelton	pvt	23	Co H - 7th WV Ca	Roberts	#955	(RS)
Shown(Showans), Saml.	pvt	14	Co I - 13th WV Inf	Showans, Abagail	#613	(RS)

TORN APART   UNION SOLDIERS

name	rank/age 1861		unit	household 1860 census		source 1890 add/injury
*Sichtes, John	pvt		Co A - 1st WV Vet(Poor's)			(RS)
(dis) 1865 age 20 born Cabell 6' 3 1/2" fair, blue eyes, brown hair, laborer						
Simmons, Henry	-	21	5th WV Inf	Simmons, Adam	#557	Htgn
Simmons, Joseph	pvt	25	Co K - 6th WV Inf	Simmons, Adam	#557	(RS)
*Smallridge, Samuel H.	Sgt	19	CoD - 9th WV Inf	(1850 s/John)		(CW) en'l Guy 1862
Smith, A. J.	wagon	31	Co D - 9th WV Inf	self	#783	(RS)
Smith, Abraham	pvt	17	Co M - 3rd WV Ca	Smith, D.D.	#419	(RS)
Smith, David	pvt	34	Co D - 9th Inf/1st Vet	Smith	#244	(RS) (several)
Smith, Frank	pvt	33	Co F - 3rd WV Ca	self	#348	(RS)
Smith, Henry	Corp	29	Co K - 2nd OH Ca	self	#304	Bartram(Wayne)
Smith, Isaac	pvt	31	several units	self	#866	(RS)
Smith, Jacob	pvt	26	Co E - 5th WV Ca	self	#1124	(RS)
Smith, Jacob (M)	pvt	37	Co E,B - 3rd WV Ca	self	#259	(RS)
*Smith, James w/ Eliza	-	-	- 5 units	(1870 census)		Milton
Smith, James	pvt	47	3rd, 4th, 7th WV Ca	Brumfield	#861	(RS)
Smith, James (or son)	pvt	45	3rd, 4th, 7th WV Ca	self	#947	(RS)
Smith, Jesse	Corp	26	Co E/B - 3rd WV Ca	self	#894	(RS)
Smith, John	pvt	16	Co C - 3rd WV Ca	Smith, Samuel	#937	(RS)
Smith, John	Corp	38	Co I - 3rd WV Ca	self	#652	(RS)
Smith, John	Corp	39	9th WV Inf	self	#329	(RS)
Smith, John C.	Sgt	22	Co D - 9th WV Inf	Custis	#254	Guyandotte
Smith, John W.	pvt	50	Co F/G - 7th WV Ca	self	#1214	(RS)
Smith, Joseph	pvt	41	Co I - 13th WV Ca	Hite	#394	(RS)
Smith, Luke	pvt	51	Co D - 13th WV Inf	Conley	#877	(RS)
Smith, Michael A. (A.M. ?)	Sgt		Co H - 9th WV Inf	(possible #419)		Floding Springs-knee
Smith, Thomas	pvt	30	Co D/E/F/K - 5th WV Ca	Graham	#579	(RS)
Smith, William	pvt	15	3rd /7th Ca-9th/13th Inf	Smith, Joseph	#259	(RS)
Smith, William	pvt	24	3rd/ 7th Ca-9th/13th Inf	Smith, D.D.	#419	(RS)
Smith, William	pvt	34	3rd/ 7th Ca-9th/13th Inf	self	#553	(RS)
Smith, Zachariah	pvt	13	Co E - 7th WV Ca	Smith, Henry	#304	(RS)
Southers, William	pvt	25	Co D - 5th WV Inf	self	#1097	(RS)
*Spears, James	pvt		Co G - 3rd WV Ca/Witchers	(tax list)		(RS)
Spurlock, Burwell	pvt	37	Co K - 7th WV Ca	self	#1034	(RS) GAR /CSA
Spurlock, John H.	pvt	14	Co K - 7th WV Ca	Spurlock, Mary	#1069	(RS)
Spurlock, William	pvt	12	Co K - 7th WV Ca	Spurlock, Daniel	#1118	(RS)
Stafford, William	pvt	36	Co B - 5th WV Ca	self	#681	(RS)
Stanley, Robert	pvt	24	Co F - 10th KY Ca	self	#834	Grant Dist.
Stanley, Samuel	pvt	15	Co G - 3rd Ca/Witcher's	Stanley, Joseph	#235	(RS)
Stark, John	pvt	31	Co H - 5th WV Inf	self	#500	(RS)
Steele, Samuel	pvt	20	Co I - 13th WV Inf	Richards	#218	(RS)
Steele, Thomas (W)	pvt	25	Co G - 3rd Ca/Witchers	Richards	#218	(RS)
Stephenson, Christopher S.	pvt	15	Co D - 7th WV Ca	Step'n, Armstrong	#852	(RS)
Stephenson, Henry S.	pvt	31	Co I - 9th WV Inf	self	#598	(CW)
Stephenson, Joseph	pvt	27	Co K - 7th WV Ca	self	#580	(RS)
*Stephenson, Marcus A.	pvt		Co A - 5th WV Inf	(s/Mark #578)		(RS) cem
Stephenson, Thomas	pvt	36	Co E -7th WV Ca	self	#853	(RS)
Stewart, Burgess	2nd Lt	44	Co C - 1st WV Inf	self	#437	(RS)
Stewart, Isaac E. (F)	Corp	21	Co H - 1st WV Ca	Stewart, James	#479	(RS)

TORN APART

UNION SOLDIERS

name	rank/age 1861		unit	household 1860 census		source 1890 add/injury
*Stewart, James H.	pvt	19	Co I - 7th WV Ca	(1850 s/Robert)		(RS)
*Stewart, William	Lt. Col.	70	- 13th WV Inf			(dis)
(dis) 1865 age 71 born Summers Co. PA 5'10" fair complexion, grey eyes, grey hair, merchant						
Still, George W.	pvt	26	Co I - 13th WV Inf	Still, E.H.	#531	(RS)
Stowasser, Anthony	pvt	40	- 5th WV Inf	self	#338	(CW)
Suiter, Jacob(Suter)	Corp	39	Co B - 12th WV Inf	self	#533	(RS)
Summers, George[2] w/ Louisa	pvt	48	Co D - OH (?)	self (2nd wife ?)	#1223	Htgn
Swann, John K.	pvt	49	Co G - 3rd WV Ca	self	#322	Sarah(l' Guy '62-CW)
(dis) 1865 age 18 born Cabell 5'11" dark complexion, grey eyes, dark hair, farmer						(dis)
*Swann, John T.	1st Lt	40	Co G - 5th VA Inf	(1850 s/Josiah) #317		Guyandotte
Swann, Shelby J.	pvt	18	Co G -3rd WV Ca	Swann, Levin	#113	Sarah(l' Cer '62-CW)
(dis) 1865 age 22 born Cabell 6'2" fair complexion, blue eyes, light hair, farmer						(dis)
Taylor, George W.	pvt	243	1st & 7th Inf	self	#1300	(RS)
Taylor, Henry P.	pvt	22	1st & 7th Inf	self	#333	(RS)
*Taylor, Isaac	Sgt		Co D - 11th WV Inf			(dis)
(dis) 1865 born Gallia Co. OH, 5'7 3/4" light complexion, black eyes, black hair, farmer						
Teel, Jacob H.	Corp	17	Co H - 13th WV Inf	Teal, Samuel	#288	(RS)
Teel, John W.	pvt	20	Co H - 9th Inf/1st Vet	Teel, Samuel	#288	(RS)
Teal, S.W. (Samuel)	pvt	49	Co A -13th WV Inf	self	#288	(CW) POW 1861
Teal, Wm. J.	pvt	22	Co H - 9th WV Inf	Teal, S.W.	#288	(CW) POW -1861
Telginer, Emile	Corp	28	Co H - 5th WV Inf	Herenkohl		Union Ridge/cem
Thompson, A.J.	pvt	20	Co B,K - 1st/5th Inf	Workman	#96	(RS)
Thompson, Charles	pvt	31	- 1st WV Ca	Thompson	#618	(RS)
Thompson, Fountain	pvt	17	Co B - 3rd WV Ca	Thompson	#561	(RS)
*Thompson, George W.	pvt		- 29th KY Inf	(tx - Robert)	#1011	(CW
Thompson, Isaac	pvt	26	Co B - 6th WV Inf	Thompson, Carrie	#279	(RS)
Thompson, John	pvt	25	Co P 91st OH Inf	self	#1019	Htgn
Thompson, John			several WV units	#282 or #1019		(RS)
Thompson, John B.	pvt	29	Co B - 15 WV Inf	Baum'der hotel	#454	Htgn
Thompson, Mathew		41	POW Guy raid 1861	self	#12	(CW)
Thompson, Thomas I.	pvt	22	Co K - 5th WV Inf	Thompson, Va.	#561	Huntington
Thompson, William	pvt		several units	#282 or #1106		(RS)
Thornton, John	pvt	25	Co K - 13th WV Inf	Thornburg	#511	(RS)
Tuley(Tooley), John	pvt	17	Co F - 9th WV Inf/1st Vet	Tooley, Charles	#745	(RS)
Turley, Elijah w/Agnes	Sgt	38		self	#155	Htgn
Turley, Floyd	pvt	13	Co I - 13th WV Inf	Turley, Emberson	#645	(RS)
Turner, Thomas	pvt		several units	#606 or #1099		(RS)
Turner, William	pvt	25	recruiter for Union 1861	Richardson	#1099	(Jenkins Planta.)
Underwood, John	Sgt	22	Co G,D - !st WV Ca	Underwood, E.M.	#328	(RS)
Vannater/Fernater						
*Vanater(" "), Andrew J.	pvt		Co G- 7th Ca/ 8th WV Inf	(tx - S.Fernatter)		(CA) 1861-62
*Vannater, Anthony	pvt		Co G - 7th WV Ca	(tx - S. Fernatter)		(RS)
*Vanatter(" "), James	pvt		Co G - 7th Ca/ 4th Art	(tx - S.Fernatter)		(CA) 1861
*Vannater, John W.	pvt		Co B - 1st WV Ca	(tx - S. Fernatter)		(RS)
*Vanata(Fernatter), Wm.	pvt		Co G - 7th Ca/ 8thWV inf	(tx - S.Fernatter)		(CA) 1861'62'64

---

[2] If this is correct George, Louisa must be 2nd wife.

TORN APART   UNION SOLDIERS

name	rank/age 1861		unit	household 1860 census		source 1890 add/injury
Vaughan, John	pvt	37	Co I,K - 5th Inf/1st Vet	self	#722	(RS)
Vest, Norman	pvt	14	Co I,K - 5th Inf/1st Vet	Landrum	#890	(RS)
Vickers, William	pvt	20	Co F - 7th WV Inf	Vickers, Simeon	#893	(RS)
Wade, Samuel	pvt	32	Co G - 1st WV Ca	self	#32	(RS)
Walker, James A.	pvt	39	Co H - 13 WV Inf	self	#227	Sarah - sunstroke
Walker, John W. (C)	pvt	18	Co G - 9th WV Inf/1st Vet	Walker, Samuel	#535	(RS)
Walker, Samuel	pvt	45	Co A - 5th WV Ca	self	#535	(RS)
Walker, William	pvt	24	Co G - 7th WV Ca	self	#524	(RS)
*Wallace, Wm. T.	Lt		Co E - 14th WV Inf	(tx Andrew)		(CW)
Ward, Charles	pvt	15	Co I - 9th WV Inf	Ward, Adaline	#480	(RS)
Ward, James W.	pvt	47	Co I - 13th WV Vol	(1850 # 828)		Guy - s/Adaline '83
Ward, John Jr.	pvt	40	several units	self	#215	(RS)
Waugh, Charles	pvt	30	Co D - 9th WV Inf	self	#657	B'ville- lost a finger
	(dis)1865 age 35 born Cabell 5'9 1/2" light complexion, blue eyes, light hair, farmer					(dis)
Webb, Alexander	pvt	31	Co H - 9th Inf/1st Vet	self	#327	(RS)
Webb, David	pvt	19	Co G - 9th Inf/1st Vet	Webb, Alexander	#327	(RS)
*Webb, Henry L.			Co H - 7th WV Ca	(tax list)		(RS)
Webb, John A.	pvt		Co I,H - 9th Inf/1st Vet	#248, #902 or #972		(CW)(RS) Baumgardner
Webb, John B.	pvt		Co I,H - 9th Inf/1st Vet	#248, #902 or #972		(CW)(RS) Baumgardner
Wheeler, Joseph (C)	Adj	35	Co H - 9th WV Inf	McKannon	#68	(RS)
White, Albert		31	POW Guy raid 1861	self	#444	(RS)
*White, William F.	pvt	17	Co F - 13th WV Inf	(1850 s/Overton)		(CW)
Wilkenson, John	1st Sgt	41	Co F - 3rd WV Ca	self	#900	(RS)
Wilkes, George W.	pvt	20	Co D,I - 9th Inf/1st Vet	Wilkes, Burwell	#551	(RS)
Williams, John (S.)	pvt	23	Co G - 3rd Ca/Witchers	Williams	#1055	(RS)
Williams, Mathew	pvt	36	Co K - 7th WV Ca	self	#1055	(RS)
Williams, Samuel	Sgt	36	Co L - 3rd WV Ca	Garrett	#1130	(RS)
Williams, Spencer	pvt	17	Co D - 9th WV Inf	Fielder	#116	enl' - Guy 1862 (CW)
Williams, Thomas R.	Sgt	14	Co H - 5th WV Ca	Williams, A.W.	#793	(RS)
Williamson, John	teamster	28	Co F - 9th WV Inf/1st Vet	self	#1107	(RS)
Wilson, Charles	pvt	19	Co C - 1st WV Ca	Wilson, James	#619	(RS)
Willson, George W.	pvt	40	Co M - 3rd WV Ca	Beuhring Hotel	#492	Htgn
*Wilson, Isaac	pvt	28	Co C - 1st WV Inf	(1850 s/Asa)		(RS)
Wilson, James (T)	pvt	48	Co C - 1st WVCa	self	#619	(RS)
Wilson, John (Jr.)	pvt	15	Co B - 9th WV Inf	Wilson, A.L.	#296	(RS)
Wingfield, John	QM	25	Co C - 7th WV Ca	Miller	#1027	(RS)
Winters, Daniel	pvt	33	Co F - 9th WV Inf	Joy	#171	(RS)
Wintz, Louis M.	pvt	22	Co H - 9th WV Inf	#164 Strupe/'50 s/Joseph		B'ville - reinlisted
Witcher, John	Brig Gen	22	Co G - 3rd WV Ca	Wit'r, Jeremiah	#951	enl' Ceredo 1862
Wood, George	pvt	16	Co F - 3rd WV Ca	Wood, Nancy	#177	(RS)
Wood, J.E. (James)			POW Guy raid 1861	self	#403	(CW)
Wood, James (E)	pvt	27	Co H - 9th WV Inf	self	#474	(RS)
Wood, John (A)	Corp	34	Co H - 9th Inf/1st Vet	Wood, Nancy	#177	(RS)
*Wood, Jonathan E.	Lt		Co I - 5th WV Inf	(tx Avis)		(CW)
*Wood, Lyman H.	pvt		Co I - 14th OH Inf	(tx Avis)		(CW)
*Wooten, Van Buren	Sgt		CL - 7th OH Ca	(tx - Winston)		(CW)
Workman, Jasper	pvt	24	Co I - 9th WV Inf	Wrkn, Squire	#596	(CW)
Workman, Newton	pvt	27	Co I - 9th Inf/1st Vet	self	#618	(RS)

TORN APART

UNION SOLDIERS

name	rank/age 1861		unit	household 1860 census		source 1890 add/injury
Workman, Thomas	pvt	15	Co I - 9th WV Inf	Wrkn, Squire	#596	(CW)
Wright, James	pvt	24	Co I - 3rd WV Ca	Wright, Nancy	#426	(RS)
Wright, James H.	pvt	20	Co D - 9th WV Inf	Wright, Edward	#624	(RS)
Yates, Elijah M.	pvt	15	Co G - 1st WV Ca	Yates, E.W.	#124	(RS)
Yates, Elijah W.	pvt	41	Co G - 1st WV Ca	self	#124	(RS)
Yates, Granville	pvt	20	Co G - 1st WV Ca	Yates, E.W.	#124	(RS)
Yates, William H.	pvt	16	Co G - 1st WV Ca	Yates, E.W.	#124	(RS)
*Young, James B.	pvt		Co K - 7th WV Inf	(tax list)		(RS)

TORN APART **UNION SOLDIERS**

Confederates from Cabell County

The following Confederate Soldiers from Cabell County, WV were abstracted from Jack L. Dickson's *Tattered Uniforms and Bright Bayonets* and compared with *Civil War in Cabell County, West Virginia 1861-1865* by Joe Geiger, Jr. That material was cross-referenced with the 1860 and 1850 Virginia Census for Cabell County. Although the men listed Cabell as their residence, some were from Wayne County, WV, Lawrence County, or from the nearby area. "Northern" Cabell men crossed to the other counties or states and gave that location as home.

census #214 = Cabell 1860 - census (1850)
B'ville = Barboursville Guy = Guyandotte Cab = Cabell Grb=Greenbottom
CWCC = *Civil War in Cabell County, West Virginia 1861-1865* by Joe Geiger, Jr.
C - after rank = captured in Cabell County
TU - *Tattered Uniforms & Bright Bayonets*
RH - Regimental History (of that unit)
HA - *Huntington Advertiser* (Sedinger's List 16 Jun 1888)
HB - *History of Barboursville Community* - J.W. Miller

obit - obituary cem - cemetery
Cab: Cabell   en'l: enlisted(CW)   Grb: Greenbotton   Guy: Guyandotte
Kan: Kanawha   Lin: Lincoln   Log: Logan   Put: Putnam   Way: Wayne

*Men listed from Cabell County, but not a census list.[3]
** Probably not Cabell Countian
(No county listed means Cabell County)

Note: Federal census enumerators missed a fair percentage of the Cabell population in 1860. Especially important was a large group of young men 18 to 22. They may have been rafting logs and away from home at the time of the census.

---

[3] See appendix for additonal names not listed on 1860 Cabell Census.

TORN APART — CONFEDERATES

name	rank & age	1861 unit	Cabell census	Household	-enlisted
Achers, Nathaniel S.	Corp 28	Co E - 8th Va Ca	self	#995	RH
Adkins, Albert	pvt 15	45th Bn C	Adkins, Lewis	#876	(claimed Union)
Adkins, Anderson	pvt 32	Co B - 34th Bn C	self	#671	TU-impresser?
*Adkins, Andrew	pvt	Co B - 34th Bn C	(9 on tx)		TU
*Andkins, Andrew Jr.		Co B - 34th Bn C	(9 others on tx)		RH
*Adkins, Arthur		36th Bn C	(9 on tx)		RH (Lin)
Adkins, Ballard	pvt 21	Co B - 34th Bn C	Barrett #954 (s/ Thomas T.#944)		TU
Adkins, Charles	pvt 12	Co D - 34th Bn C	Adkins, Thomas	#928	TU (Log)
Adkins, Clayton	pvt 18	Co B - 34th Bn C	Adkins, Sherod	#719	TU
Adkins, Elliot	pvt 36	Co B - 34th Bn C	self	#673	TU
Adkins, Evermont	pvt 22	Co F - 45th Bn	Adkins, Lewis	#876	TU (Way)
*Adkins, Francis Marion	Sgt	Co A - 34th Bn C	(surrendered at Guyandotte)		RH (Way)
*Adkins, Greenville	pvt	Co E - 16th Va C	(tax list)		TU (Way)
Adkins, Hansford	pvt 14	Co F - 45th Bn	Adkins, Lewis	#876	TU (Way)
Adkins, James (J.H.)	pvt 17	Co B - 34 Bn C	Adkins, Sherod	#719	TU (Way)
Adkins, Jesse	pvt 26	Co D - 22nd/Co A-34th	self	#945	TU
*Adkins, John W.	pvt	36th Bn C	(9 others on tx)		RH (Lin)
Adkins, John W.	pvt 12	Co K - 22nd Va	Adkins, Thomas	#944	TU
Adkins, Jonas	pvt 25	- 34th Bn C	self	#946	RH
*Adkins, Jones	pvt	Co A - 34th Bn C	(postwar List)		RH (Lin)
*Adkins, Levi	Corp	Co I - 22nd Va	(tax list		TU (Boone)
*Adkins, Manderville F.	pvt	Co B - 36th Va	(9 others on tx)		TU resided Cab
*Adkins, M.F.		36th Bn C	(9 others on tx)		RH (Lin)
Adkins, Merritt	pvt 16	Co F - 45th Bn C	Adkins, Parker	#864	RH (Lin)
Adkins, Parris	pvt 19	Co B - 34th Bn C	Adkins, Sherod	#719	TU
Adkins, Perry G.	pvt 25	Co B - 34th Bn C	self	#678	TU
Adkins, Sherod	pvt 50	Co F - 45th Bn	self	#719	TU (Way)
Adkins, Thomas	pvt 27	Co B - 34th Bn C	Adkins, William	#670	TU
Adkins, Wm. A.	pvt 30	Co B - 34th Bn C	Holten, Joseph	#950	TU d/prison
Adkins, Wm. D.	pvt 32	Co B - 34th Bn C	self	#677	TU
Adkins, W. M.	pvt 35	Co K - 8th Va Ca	self	#993	TU d/20/1920
Adkins, Wm. P.	pvt 22	Co F - 45th Bn	Lucas (s/Sherod)	#720	TU (Way)
**Alderson, Henry G.	pvt	Co A - 16th Va C			TU
Alford, Andy	pvt 20	Co G - 8th Va C	Alford, Robert	#1028	RH
Alford, Joseph A.	Corp-C 22	Co G - 8th Va C	Alford, Robert	#1028	TU (Put)
Alford, Robert	pvt 47	Co B - 34th Bn C	self	#1028	RH (Log)
**Altice, Davis	pvt	Co C - 36th Bn C			TU
Amos, Joshua(Amas)	pvt 38	Co D - 8th Va C	self	#1125	enl' Cab 1862[4]
Anderson, James F.	Capt. 45	16th Va C	self	#713	RH KIA (Way)
Ashworth, Andrew	pvt 12	Co G - 8th Va C	Ashworth, Asa	#1022	TU
Ashworth, H.G.		POW at Wheeling	#988 or #1000		1861 - CW
Ashworth, Joel	pvt 22	Co A - 36th Va	Roberts	#786	TU
Ashworth, Van Buren	pvt 31	Co A - 36th Va	Thompson	#1009	TU
*Austin, Daniel S.	pvt	Co G - 8th Va C	all enlisted in Cabell		TU POW
*Austin, Daniel T.	pvt	Co G - 8th Va C	"		TU POW
**Austin, John	Lt.	Co C - 8th Va C	"		RH

---

[4] All entries concerning enlistment were abstracted from *Civil War in Cabell County*.

TORN APART   ## CONFEDERATES

name	rank & age	1861 unit	Cabell census	Household	-enlisted
**Austin, Joshua	pvt	Co G - 8th Va C	"		TU
**Austin, William	pvt	Co C - 8th Va C	"		RH KIA
Baker, George	pvt 46	Co H - 16th Va C	self	#693	TU
Baker, P.P. (Preston ?)	pvt 16	Co E - 8th Va C	Baker, J.C.	#442	TU
*Baker, William A.		Co K - 22nd Va	(tx s/Henry or John L.)		CW
*Baker, William M.		Co F - 22nd Va	(tx s/ Henry or John L.)		CW
Ball, Jeremiah	pvt 23	Co G - 8th Va Ca	Ball	#1261	RH d/11/2727
Ballard, William A.	pvt 31	Co A - 22nd VA	self (?)	#889	TU
*Barrett, Joseph	pvt	Co D - 36th Va	(tax list)		TU (Boone)
Bates. A.J.	28	POW at Wheeling	self	#594	1861 - CW
Baumgardner, Fred (Hist of B'ville)	11		Baug', John	#216	TU d/5/1922
Baumgardner, Henry W.	pvt 29	Co E - 8th Va C	Baug', Jacob	#454	enl' Guy' 1862
Baumgardner, Jacob	66	POW at Wheeling	self	#454	CW
Baumgardner, James M.	pvt 27	Co E - 8th Va C	Baug', Jacob d/10/22/1914	#454	enl' Grb' 62
Baumgardner, John (P.)	pvt 20	Co E - 8th Va C	Baug', John	#216	enl' Guy 1862
Beckett, Lewis C.	32	Co C - 36th Bn C	self	#283	enl' 1862
*Bellamy, John (M.)	pvt 8(?)	Co F - 45th Bn	(tx -Lewis Bellomy)		TU
*Bias, Absolum	pvt 41	Co C - 36th Bn C	(1850 self)		enl' 1862
Bias (Bear), David W.	pvt 28	- 8th Va C	self	#257	CW 1861
Bias, J.A. (also Union)	Corp 31	Co D - 16th Va C	self	#549	TU
*Byers(Bias), James B (D.)	Sgt	Co I - 8th Va C	(tax list)		TU (Lin)
*Bias, James P.	pvt 13	Co C - 36th Bn C	(1850 s/ Absolum)		enl' 1862
*Bias, Melville	pvt 15	Co K - 36th Va	(1850 s/Absolum)		TU (Put)
Bias, Thomas	Corp	Co D - 16th Va C	#256 or #733		TU
Bias, Wm. Addison	pvt 23	Co C - 36th Bn C	Bias, Anderson	#898	also Union[5]
Billups, Charles	pvt 15	Co B - 34th Bn C	Billups, Mary	#1219	RH
**Bing, Frank		Co E - 8th Va C			TU
**Bird, A.		36th Bn C			RH (Lin)
**Bird(Byrd), David B.	pvt	Co D - 8th Va C			TU
Black, Andrew	35	Co C - 36th Bn C	self	#1151	TU
*Blackwood, Wm. R.	1st lt	Co F - 45th Bn C	(bro to Joseph # 1195 ?)		RH 5'9" tall
Blake, Isaac	pvt 24	Co D - 8th Va C	self	#71	TU
Blake, John O.	pvt 20	Co D - 8th Va C	Blake, John	#204	enl' Cab 1862
*Blankenship, Benjamin	pvt	Co E - 8th Va C	(? s/E.D. #916)		TU
Blankenship, Henry	pvt 17	Co E - 8th Va C	Blankenship, Permelia	#584	HA
*Bledsoe, Daniel A.		Co C - 36th Bn C	(? s/Rachel #778)		RH (Cab)
Bledsoe, James	pvt 22	Co F - 1st Va C	Bledsoe, Rachel	#778	TU
Bledsoe, Moses	pvt 23	Co C - 36th Bn C	self	#1147	TU
Bledsoe, Peter	19	POW at Wheeling	Johnson	#826	CW - 1861
Bowen, William	pvt 41	Co K - 8th Va C	self	#1098	RH POW
*Boyd, William	pvt	Co E - 8th Va C	(?s/Joseph #466)		TU
*Bragg, Alexander J.	pvt	Co B - 34th Bn C	bro to Sam ?		TU
Bragg, Samuel B. Jr.	pvt 33	Co B - 34th Bn C	self	#934	RH
Bramlette, William C.	Sgt 36	Co D - 16th Va C	self	#316	RH
**Bridgeman, James	pvt	Co E - 8th Va C			TU '62 died
Brown, George P.		POW at Wheeling	1136 or 1185		CW -1861

---

[5] Impressed by the Confederacy, got home hid under matress and then enlisted in Union.

25

TORN APART   CONFEDERATES

name	rank & age	1861 unit	Cabell census	Household	-enlisted
*Bryan(t), Henry	pvt	Co D -16th Va C-Love's Co.	(?bro to W.F.)		RH POW
*Bryan, Neal	pvt	Co E - 8th Va C	(tx s/Whitfield)		TU 1861 Grb
Bryan, W.F. (W.P.)	27	Co C - 36th Bn C	self	#1151	TU
Buffington, Edward S.	pvt 13	CS Navy	Buffington, P.C.	#460	TU
*Buffington, Edwin F.	1st Lt	Co D - 16th Va C	(part of family Law'Co.OH ?)		TU
*Burdett, Albert	pvt	Co C - 36th Bn C	(? s/Leonard #857)		TU
*Burdett, William	pvt	Co C - 36th Bn C	(? s/ Leonard #857)		TU
*Burford, William	pvt	Co D - 8th Va C	1861 B'ville		TU
*Burks, B. B.	Corp	Co D - 8th Va C	1860 slave sch only (Beverly)		enl' Cab 1862
Burks, Charles W.	Sgt 19	Co F - 45th Bn	Burks, Luther (or s/ Beverly)#489		TU
*Burks, Creed A.	pvt	Co D - 8th Va C	s/B.B. ?		enl' Cab 1862
Burks, Lewis	pvt 21	Co D - 8th Va C	Burks, Luther (or s/ B.B.)	#489	enl' Cab 1863
Burns, Andrew	pvt- C 37	Co # - 36th Bn C	self	#1133	d/1863
Burns, Frederick	pvt 15	Co C - 36th Bn C	Burns, Peter	#1134	TU
Burns, G.W.	pvt - C 19	Co C - 36th Bn C	Roberts, Thos.	#957	TU
Burton, Joseph	pvt 15	Co G - 8th VA C	Burton, William	#1020	TU (Lin)
Burtin, Wm. (Burton)	pvt 41	Co C - 36th Bn C	self	#1020	TU
Cameron, John D.	pvt 31	Bkts - 36th VA	Johnson	#911	TU (Put)
Campbell, George W.	pvt 15	Co E - 8th Va C	Campbell, Geo.	#617	enl' 62 d/Ch Chase'64
*Campbell, Sida H.	Lt	Co F - 31th Va	(tx s/John)		CW
*Campbell, William		Co F - 22nd Va	(tx s/John)		CW
*Campbell, Wm. D.	2nd Sgt	Co A - 14th Va C	(tx s/ John)		CW
*Carpenter, Albert		Co C - 36th Bn C	(tx s/Alex, Addison or Elisha)		CW
*Carpenter, James A.		Co C - 36th Bn C	(tx s/Alex, Addison or Elisha)		CW
Carpenter, Lewis	pvt 36	Co G - 8th VA C	self	#969	TU (Put)
*Carpenter, Silas		Co C - 36th Bn C	(tx s/ Alex, Addison or Elisha)		CW
*Carpenter, William M.		Co C - 36th Bn C	(tx s/ Alex, Addison or Elisha)		CW
Carroll, Chas. T.	Sgt- C 19	Co E - 8th Va C	Carroll, Samuel	#1204	enl' B'ville 63
Carter, Wm. L.	1st Sgt 19	Co D - 8th Va C	Carter, John W.	#1249	TU
Chapman, A.H. (A.P.)	pvt 34	Co F - 8th Va C	self	#375	enl' Grb CW
Chapman, A. (Albert)	pvt 18	Co E - 8th Va C	Beckett	#1232	TU
Chapman, Eli	pvt- C 31	Co B - 8th Va C	self	#1142	enl' Cab CW
Chapman, Garmen(German)	pvt 24	Co C - 36th Bn C	self	#1153	TU
Chapman, James	pvt- C 22	Co D - 8th Va C	self	#1211	TU
Chapman, John M.	pvt 18	Co C - 36th Bn C	Chapman, Henry W.	#130	TU
Chapman, James B.	pvt 27	Co B - 34th Bn C	Chapman, Julia	#669	TU
Chapman, Tazewell	pvt- C 22	Co C - 36th Bn C	Barker #1162 (s/ Phoebe Chapman)		TU
Chapman, William	pvt- C 19 or 29	Co D - 16th Va C	Chapman, Greenberry	#1280	TU
*Childers, Elias	Corp. 31	Co F - 45th Bn	(tx s/ MM or Patrick)		RH 5'8"
Childers, Royal (Bradon)	pvt 17	Co K - 16 Va C	Chapman, Royal Sr.	#311	TU (Way)
Childers, T.A. (Thomas)	Corp 41	Co F - 45th Bn	self	#101	TU (Way)
**Cloypoll(Claypool), John	pvt	Co F - 45th Bn			TU
Collins (written the same as Collier)					
Collins, William		Co C -34th Bn C	murdered 1861		lived Madison Ck - CW
**Collier, Joseph	pvt	Co E - 8th Va C	en'l Guy		TU KIA 1861
**Collier, William L.	pvt	Co E - 8th Va C			TU en'l 61 Grb
Conner, Col. (Conwelsey)	pvt 18	Co E - 8th Va C	Conner, Andrew	#1298	enl' Guy 1862
Conner, Lewis	pvt 26	Co D - 16th Va C	Gwinn, Washington	#1266	TU
Coemeans(Cremeans) John W.	pvt 26	Co F - 45th Bn	self	#1202	RH

TORN APART   CONFEDERATES

name	rank & age		1861 unit	Cabell census	Household	-enlisted
*Craig, Wm. J.	Sgt		Co A - 3rd Va C			RS cem
*Craneens(Cremeans), Henry	pvt		Co D - 8th Va C	(tx s/Bailey,Noah or Higgins)		enl' Cab 1863
*Cremeans, Wesley			Co G - 45th BnC/Floyd's	(tx """)		RH POW
Crooks, Abram	pvt	21	Co D - 8th Va C	Sweatland	#149	enl' Cab 1862
Crumb, Daniel	3rd Lt	31	Co B - 34th Bn C	self	#691	TU
*Crump, George	pvt	24	Co D - 36th Va	(1850 s/ Elizabeth)		TU (Way)
Curry, George W.	pvt	13	Co B - 34th Bn C	Curry, Hiram	#994	RH
Curry, Dr. Wm.		58	POW at Wheeling	self	#924	1861 - CW
Curry, Wm. Harrison	Corp	16	Co B - 34th Bn C	Curry, William	#924	RH
Davis, Alvin	pvt	27	Co E - 8th Va C	self	#833	TU
Davis, J.M.C	pvt	34	Co G - 16th Va C	self	#686	TU (Way)
Davis, John S.	pvt	17	Co D - 8th Va C	Davis, Benjamin S.	#118	enl' Cab 1862
Davis, Joseph M.	pvt	12	Co D - 8th Va C	Davis, Samuel A.	#1296	enl' Cab 1862
Davis, William W.	Corp	21	Co D - 8th Va C	Davis, Benjamin S.	#118	enl' Cab 1862
Deal, Cad C.	pvt	19	Co C - 36th Bn C	Deal, Henry H.	#1216	TU
Deal, Ebenzer	pvt	21	Co C - 36th Bn C	Deal, Henry H.	#1216	TU
Deal, John	pvt	24	Co E - 8th Va C	Deal, Henry H.	#1216	HA
Defoe, John	pvt	19	Co B - 34th Bn C	Defoe, William	#856	TU
Dial, James	pvt	19	Co K - 8th Va C	Dial, John	#680	TU
Dial, William	pvt	15	Co A - 34th Bn C	Dial, John	#680	RH
*Dick, David			Cab Militia 1861	(tx s/Andrew)		CW
Dodson, Jesse B.	Corp	36	Co E - 8th Va C	self	#425	enl' Cab 1862
Dodson, Thos. W.	Corp	26	Co E - 8th Va C	self	#429	enl' Cab 1862
Dolan, George W.	Corp	28	Co D - 16th Va C	self s/John	#79	TU
Dolan, John D.	pvt	56	Co D - 16th Va C	self s/John	#362	TU
**Dorton, Marion	pvt		Wat, Swan - Bn C			TU
*Drown, Rufus	pvt	35	Co K - 8th Va C	(? bro to Benj. #303)		RH
Dundas, James	1st Lt	24	Co D - 8th Va C	Seamonds, Wm. R.	#98	TU
*Dudding, C. L.	pvt		Co C - 36th Bn C	(?all 3 brother to B.A. #541)		TU
*Dudding, James J.	Sgt		Co C - 36th Bn C	"		TU
*Dudding, W.F.	pvt		Co C - 36th Bn C	"		TU
*Duncan, Wm. H. -blacksmith			Co D - 8th Va C	(? brother ot Rebecca #558)		TU 1862 Cab
*Edwards, Thomas J.	2nd Lt		Co C - 9th Va C			TU (Sum) cem
*Edwards, W. J.	pvt		Co D - 8th Va C	(s/ James by 1st wife)#1030		'62 B'ville d/65 Ft. Delaware
Egnor, Archibald	pvt	19	Co B - 34th Bn C	Egnor, Arch Sr.	#1046	TU (Log)
Egnor, Archibald	pvt	49	Co B - 45th Bn C	self	#1046	RH (Lin)
*Egnor, George W.	pvt		Co B - 34th Bn C	(?s/Arch lived Lincoln)		RH POW
Egnor, J. Washington	pvt	13	Co B - 34th Bn C	Egnor, Archibald	#1046	TU
Elkins, H. (Henry)	pvt	24	Co F - 45th Bn	Lucas	#864	TU (Way)
Elkins, Joel	pvt	36	Co D - 34th Bn C	self	#873	TU (Way)
**Ellis, Albert	pvt		Co C - 36th Bn C			TU
Eplin, William	pvt	41	Co H - 16th Va C	self	#756	TU
**Erwin, Andrew	pvt		Co D - 8th Va C			TU
*Estes, John J.	Corp		Co D - 8th Va C	(? s/James #1206) POW		TU 1862 Cab
Everett, Charles		32	POW at Wheeling	(1850 s/Sarah) on slave schedule		CW
Everett, Henry Clay	Capt	31	Co E - 8th Va C	self	#416	enl' Grb 1861
Everett, John S.	pvt	38	Co E - 8th Va C	self	#640	enl' Cab 1863
Everett, Peter R.	pvt- C	31	Co E - 8th Va C	Everett, Sarah	#332	enl' Cab 1862
Farley, John C.	pvt	31	Co B - 34th Bn C	self	#871	TU

TORN APART   CONFEDERATES

name	rank & age		1861 unit	Cabell census	Household	-enlisted
Flowers, Thaddeus	pvt- C	21	Co E - 8th Va C	Flowers, Alfred	#449	TU POW
France, Benjamin	pvt	17	Co A - 34th Bn C	France, James	#252	TU (Log)
France, James		25	POW at Wheeling	France, James	#252	1861 - CW
Garrett, Robert L.	Corp	22	Co D - 16th Va C	Garrett, James	#1130	TU
Garrett, Stephen J.	pvt	24	Co G - 8th Va C	self	#1015	RH
*Gibson, Joseph	pvt		Co D - 16th Va C	3 families		TU
*Grass, Lacy	pvt		Co B - 34th Bn C	(1850 s/ G.W Grose/Grass)		TU POW
*Guthrie, Edward S. POW	pvt		Co E - 8th VA C	(tx s/James H. or Wm.)		CW Grb 1861
*Guthrie, John W. KIA	pvt	(48)	Co E - 8th Va C	(1850)Guthrie, Preston	(#174)	enl' Grb 1861
Gwinn, William R.	pvt	23	Co E - 8th Va C	Gwinn, Andrew	#1242	enl' Grb 1861
Hackworth, George	pvt	26	Co E - 8th Va C	Reynolds, James	#1182	enl' 1861
Hager, Clemmet	pvt	18	Co F - 45th Bn	Hager, James	#1031	TU
Hager, Hezekiah	pvt	19	Co G - 8th Va C	Hager, Joseph	#1070	TU (Lin)
Hager, J. H. (F.)(James)	pvt	20	Co G - 8th Va C	Hager, Joseph	#1070	TU (Lin)
*Hanly, A. J. (bro to P.H.)	pvt	13	Co K - 16 Va C	(1850 s/Erastmus by PH)		TU
*Hanly, Augustus A.	pvt		Co E - 8th Va C	(1850 s/ Erastmus)		TU
*Hendley, A.W. (Handley)	pvt		Co D - 8th Va C	(maybe same)		TU (Cab)
*Hanly, Benjamin T.(F.)	pvt	17	Co D - 8th Va C	(1850s/Erastmus)		enl' Cab 1862
*Hanly, Henry C.	pvt		Co D - 8th Va C	(1850 ? s./ Sampson)		CW1862 B'ville
*Hanley, Patrick Henry	pvt	21	Co D - 16th Va C/Co D 8th	(1850s/Erastmus)		enl' Cab 1862
Handley, William		24	POW at Wheeling	self	#1283	1861 - CW
*Hannon, Esom C.	pvt		Co D - 8th Va C	(4 possible in tx)		CW 1862 Cab
*Hannon, Easom H. POW	pvt		Co E - 8th Va C	(4 possible in tx)		CW 1861 Grb
*Hannon, George C.	pvt		Co E - 8th Va C	(4 possible in tx)		CW 1861 Grb
*Harbour, Charles	pvt		Co C - 36th Bn C	(s/ Jesse #970 ?)		TU (Cab)
*Harbour, Joseph M.			36th Bn C	(same family ?)		RH (Lin)
*Harbour, Thos. Meridith	pvt		Co C - 36th Bn C	(s/ Jesse #970 ?)		TU (Cab)
Harden, Thomas J.	pvt- C	20	Co D - 8th Va C	Harden, John	#483	enl' Grb 1861
Harler, Charles	pvt	31	Co E - 8th Va C	self	#287	TU
Harless, Jasper	pvt	14	Co H - 16th Va C	Harless, Wm. R.	#676	TU
Harless, John A.	pvt	21	Co H - 16th Va C	Harless, Wm. R.	#676	TU
*Harris, Greenville	pvt	33	Co H - 16th Va C	(1850 s/Samuel)	#697	RH
*Harris, Henry C.	pvt	29	Co H - 16th Va C	(1850 s/Samuel)	#697	RH
Hawthorn, Wm.E.	Sgt	22	Co D - 8th Va C	Jenkins Planation	#1099	enl' 63 murdered
*Hendrick, Louis	pvt		Co E - 8th Va C	(? s/Charles Heinrick #341)		TU
**Henson, James D.	pvt		Co D - 8th Va C			TU '63 - B'ville
*Hensley, Byrd	pvt	21	Co E - 8th Va C	(1850)Hensley, Byrd	(#315)	TU
Hensley, Wm. B.	Capt.	22	Co F - 45th Bn	Hensley, Byrd	#315	TU
*Hereford, James	pvt		Co E - 8th Ca C	(? brother to B.G. #1167)		HA
*Herndon, William	Corp		Co G - 8th Va C	(s/James by 1st wife ?)	#250	CW
**Hicks, James David	pvt		Co C - 36th Bn C			TU
Hinckley, Hiram	pvt	19	Co C - 36th Bn C	Hinckley, Livingston	#1006	TU POW
Hinckley, Jacob	pvt	25	Co C - 36th Bn C	Hinckley, Livingston	#1006	TU POW
Hite, John W.		52	POW at Wheeling	self	#394	CW
*Hoback, John			Co I - 35th Va	(tx s/ Lorenzo ?)		TU (Mercer)
Hodges. Charles K.	pvt	23	Co D - 8th Va C	Lusher #146(1850s/ Presto #1251)		enl' Cab 62 KIA
*Hodge, George	pvt		Co I - 14th Va	(s/ Preston ?)		TU / HB
Hodges, Theodore	pvt	13	Co G - 8th Va C	Hodges, Preston	#1251	TU
Holderby, Dudley D.	pvt	32	Co E - 8th Va C	Holderby, Susan	#639	enl' Grb 61 KIA 62

TORN APART

CONFEDERATES

name	rank & age	1861 unit	Cabell census	Household	-enlisted
Holderby, Geo. W. (C)	1st Lt 23	Co E - 8th Va C	(1850 s/ Susan)	#639	enl' Grb 1861
Holderby, Robert S.	2nd Lt 26	Co E - 8th Va C	Holderby, Susan	#639	enl' Grb 61 KIA 63
*Holderby, William P.	pvt (18)	Co E - 8th Va C	(1850 s/James)	(#962)	enl' Grb 1861
*Holroyd, William	bulger	Co D - 8th Va C	(s/Sarah ?)		RH (Mercer)
*Holley, George F. (A.)	pvt (36)	Co D - 16th Va C	(? #915- Frank))		TU
Holton, George C.	pvt 46	Co B - 34th Bn C	self	#1051	TU
Howell, John H.	pvt- C 28	Co C - 36th Bn C	self	# 145	TU
Hughes, DeKalb	pvt 15	Co D - 8th Va C	Christy, Thomas	#1100	enl' Cab 1862
*Hunter, Jefferson	pvt	Co D - 8th Va C	(1850 s/Sam'l. #683)		TU 1862 Cab
*Hunter, Madison	pvt	Co D - 8th Va C	(1850 #683)		TU " " d/1863
**Irul, James M.		Co K - 8th Va C			TU
Jenkins, Albert Gallatin	Brig. Gen. 29	Co E - 8th Va C	self	#1090	KIA 1863
Jenkins, Thomas J.	Major 34	Co E - 8th Va C	self	#1095	TU bro/A.J.
Jenkins, William (Dr.)	Surgeon	Co E - 8th Va C	self	#1089	TU bro/A.J.
Jewell, Mott	23	POW at Wheeling	Scales	#314	1861 - CW
Johnson, Benjamin	pvt 22	Co B - 34th Bn C	Johnson, Frank	#911	TU
*Johnson, Caleb Enos	pvt	Co C - 36th Bn C	(tx-Lewis)		TU
*Johnson, Calvin	pvt	Co C - 36th Bn C	(tx-Lewis)		TU
*Johnson, Chapman, L.	pvt	Co B - 34th Bn C	(tx-Lewis		TU
Johnson, Charles	Sgt 24	Co B - 34th Bn C	Johnson, Frank	#911	TU
Johnson, Franklin	pvt 15	Co F - 45th BnC	Johnson, John	#752	RH (Way)
Johnson, Henry	pvt 13	Co C - 36th Bn C	Johnson, Andrew	#792	TU
Johnson, James (A.)	pvt 19	Co B - 34th Bn C	Johnson, Frank	#911	TU
Johnson, Sampson	pvt 14	Co C - 36th Bn C	Johnson, Squire	#891	TU POW
Johnson, Warren	pvt 16	Co C - 36th Bn C	Johnson, Madison	#1161	TU
Johnson, William L.	40	militia at B'ville	self	#491	1861 - CW
**Jones, Joshua	pvt	Co D - 9th Va C			TU 1863 Cab
**Kennady, Ausburry C.	Musican	Co E - 8th Va C			TU 1861 Grb
Keenan, Newton (S.)	pvt 17	Co E - 8th Va C	Keenan, A. J.	#408	TU
*Keeton, Calvin	Sgt 24	Co C - 36th Bn C	(1850 s/ Ryland)	(#1155)	TU
Keeton, Henry	pvt 18	Co C - 36th Bn C	Keyton, Ryland	#1155	TU
Keeton, John L.	pvt 16	Co C - 36th Bn C	Keyton, Ryland	#1155	TU
Keaton, Preston(Keyton)	pvt- C 19	Co G - 8th Va C	Keyton, Ryland	#1155	TU
Keeton, William	Lt- C 32	Co C - 36 Bn C	self	#1152	TU
Kelly, Charles	pvt- C 16	Co K - 8th Va C	Kelly, Stephen	#536	enl' Cab 1863
Kelly, Jackson	pvt 24	Co E - 8th Va C	self	#514	HA
Kelly, James Lemuel	pvt- C 14	Co D - 8th Va C	Kelly, Stephen	#536	TU POW
Kensloving, Charles	pvt 17	Co E - 8th Va C	(1850 s/Bushrod)		HA
Kingsolving, Walter	pvt 21	Co E - 8th Va C	(1850 s/ Bushrod)		HA
Kinnaird, Ephraim	Corp-C 24	Co D - 16th Va C	Kinnaird, Howard	#1228	TU
Kinnaird, Geo. W.	pvt 21	Co D - 16th Va C	Kinnaird, Howard	#1228	TU
Kinnaird, Joseph L.	pvt 17	Co D - 16th Va C	Kinnaird, Howard	#1228	TU
Kinnaird, William H.	pvt 23	Co D - 16th Va C	Kinnaird, Howard	#1228	TU
Kirk, John	pvt 37	Co B - 34th Bm C	self	#1078	TU POW
Kirk, Jordan	pvt- C 27	Co K - 16th Va C	self	#1078	TU
*Kirtley, Morris	Capt.	Co G - 10th Va C	(lived near Putnam)		TU POW
*Lacy, Wm. H.	pvt	Co E - 8th Va C	bro-in-law to Jenkins		enl' Grb 1861
Laidley, A.W.	pvt 35	Co A - 45th BnC	self	#19	RH
*Lambert, Nathan		Co C - 62nd Va	(tx s/Peter)		CW

TORN APART   ## CONFEDERATES

name	rank & age		1861 unit	Cabell census	Household	-enlisted
Lattin, Charles A.	Sgt	16	Co K - 16th Va C	Lattin, Charles	#29	TU POW
Lawson, John	pvt	29	Co B - 34th Bn C	self	#1026	TU
Likens, Asberry (Littleberry)	Lt	20	Co B - 34th Bn C	Lykins, John	#930	RH all
Likens, Francis Marion	Lt	22	Co B - 34th Bn C	Likens, John	#930	RH enlisted
Likens, Herve (Herod)	pvt	12	Co B - 34th Bn C	Lykins, John	#930	TU same
Likens, James	pvt	35	Co B - 34th Bn C	Lykins, John	#930	HR day
*Likens, John	pvt		Co E - 8th Va C	(?another s/ John Sr.)		HA
Likens, Peter	pvt	26	Co B - 34th Bn C	Lykins, John	#930	TU and
Likens, Ramus (Eramus)	pvt	17	Co B - 34th Bn C	Lykins, John	#930	TU place
Likens, William	pvt	15	Co B - 34th Bn C	Lykins, John	#930	TU (Lin)
*Long, Allen			Co E - 8th Va C	(?s/Wm. 131)		RH KIA 1861
*Love, John E.			Co D - 16th Va C	(1850 s/Daniel)	#1287	TU
*Love, John W.	2nd Lt	20	Co D - 16th Va C	(? s/William)	#1253	TU
Love, Lon	Corp	17	Co E - 8th Va C	Love, Daniel	#1287	enl' 62 KIA 64
*Lucas, Andy	pvt	32	Co G - 8th Va C	(? s/John)	#862	RH
Lucas, Parker	pvt	48	Co F - 45th Bn C	self	#720	RH
Lunsford, Richard		31	Cab Militia 1861	self (lived Ona)	#325	1861 - CW
Lusher, Lewis W.	pvt	25	Co E - 8th C/45th BnC	Lusher, Irving	#718	enl' Cab 1861
Lusher, Robert M.	Sgt.	23	Co K - 16th Va C	Lusher, Irving	#718	TU
**(Manar), John	pvt		Co F - 45th Bn			TU
Martin, James	pvt	29	Co B - 36th Va	self	#1172	TU
Martin, William	pvt	22	Co A - 22nd Va	self	#1171	TU
**Mason, Theodore	pvt		Co C - 36th Bn C			TU
Maupin, Henry	pvt	19	Co E - 8th Va C	Maupin, Beverely	#1286	HR KIA
*Maupin, Lindsay G. (Moppin)	pvt		Co A - 8th Va C	(s/America # 486 ?)		TU
Mays, John (D.)	pvt	28	Co E - 8th Va C	self	#83	enl' Cab 1861
*Mays, Sylvester	pvt		Co F - 45th Bn	(#80 or #93)		TU
*McCallister, Charles	pvt	22	Co E - 8th Va C	(1850 s/ Malcolm)	#1175	HA
McCallister, Henry	pvt	20	Bkts - 36th/Co E 34th	McCallister, Malcom	#1175	TU (Put)POW
McCallister, Isaac (N)	pvt	20	Co D -16th Va C	self	#1177	TU (Put)
McComas, Wm. H.	pvt	14	Co D - 16th Va C	Wallace, Tolliver	#1091	TU
*McComas, William	Capt	33	Wise Art	(1850 self Dr.)		TU
McCorkle, Lafayette	pvt	14	Co E - 8th Va C	James McCorkle	#587	TU
**McCoy, Blackburn	Sgt		Co D - 8th Va C			TU
**McCoy, Green			Co E - 16th Va C			TU (Cab)
**McCoy, William H.			Co D - 8th Va C			TU (Cab)
McGinnis, A.B.		32	Cab Militia 1861	self	#438	TU
McGinnis, Ira J.	pvt	27	Co E - 8th Va C	(1850 s/McGinnis, Ira)	(#486)	TU
**McGuire, S. M.			Co D - 16th Va C			TU (Cab)
McKendree, Charles A.		18	Co K - 16th Va C	McKendree, A. F.	#143	CW KIA
*McKendree, Elisha	Capt		Co H - 16th Va C	(?bro to A.F.) refugee at Guyandotte		RH
McKendree, Samuel P.	pvt- C	21	Co K - 16th Va C	McKendree, Aaron	#143	(McKendrick)
McMahon, John	pvt	27	Co E - 8th Va C	McMahan, Wayne	#378	CW
Meadows, James J.	pvt	29	Co D - 8th Va C	self	#78	enl' Cab 1862
*Meddins, Herny	pvt		Co D - 8th Va C	(1850 Medlin)		TU (Cab)
*Meddins, William	pvt		Co D - 8th Va C	(1850 Medlin)		TU (Cab)
Merritt, Henry C.	pvt	16	Co D - 12th Va C	Merritt, William	#45	TU
Merritt, Thomas H.	pvt	17	Co D - 8th Va C	Merritt, Melcher	#87	enl' Cab 1862
Messinger, Isaac	pvt- C	21	Co D - 8th Va C	Messinger, William	#137	enl' Cab 1862

TORN APART　　　　　　　　　　　　　　　　　　　　　　　　　　　　　CONFEDERATES

name	rank & age		1861 unit	Cabell census	Household	-enlisted
Midkiff, Abraham	pvt	26	Co K - 16 Va C	self	#761	TU
Midkiff, Gordon	pvt	30	Co E - 8th Va C	self	#801	RH
*Midkiff, John A.	pvt	23	Co K - 16th Va C	1850 s/Lewis -bro/Spencer		TU
Midkiff, Spencer	Sgt	22	Co K - 16th Va C	self	#651	(deserted)
Miller, George	pvt	13	Co D - 8th Va C	Miller, George	#11	enl' Cab 1862
Miller, George F.	pvt	43	Co E - 8th Va C	self	#11	enl' Cab 1861
Miller, H.H.		47	POW at Wheeling	self	#388	CW
**Miller, Jackson	pvt		Co C - 36th Bn C			TU (Cab)
Miller, James T.	pvt- C	15	Co D - 8th Va C	Miller, John M.	#1248	TU
Miller, John W.		15	Cabell Militia 1861	Miller, Wm. C.	#58	CW
**Miller, Newton	pvt		Co C - 36th Bn C			TU (Cab)
*Mitchell, Henry	pvt		Co C - 36th Bn C	(? s/ Saml. #738)		TU (Cab
*Mitchell, James W.	pvt		Co E- 8th Va C	(? s/ Saml. #738)		HA
Mitchell, John L. (W)	pvt	19	Co E - 8th Va C	Mitchell, Samuel	#738	HA
Mitchell, Joseph	Sgt	25	Co G - 8th Va C	self	#817	TU
Mitchell, P.G.	pvt	30	Co C - 36th Bn C	Mitchell, Samuel	#738	TU
Mitchell, Samuel	pvt	13	Co C - 36th Bn C	(s/Samuel)	#739	TU
Moore, J.T. (J. L.)	pvt	13	Co D - 8th Va C	Moore, W.B.	#36	enl' Cab 1862
Moore, Wilson B.	pvt	41	Co E - 8th Va C	self	#36	TU
Moriss, Henry C. (Morris)	pvt	17	Co D - 8th Va C	Morris, Eaton	#616	enl' Cab 1862
Morris, J.T.	pvt		Co D - 8th Va C	6 possible		enl' Cab 62 KIA 65
Morris, James R.	1st Lt	31	Co D - 8th Va C	self	#64	TU
Morris, Joseph W.	Capt	35	Co D - 8th Va C	self	#1174	TU KIA
Morris, John	pvt	16	- 24th Art	Morris, Joseph	#1174	TU cem
Moriss, Thomas H.	pvt	20	Co D - 8th Va C	Morris, Eaton	#616	enl'63 d/POW
*Morrison, Frederick	pvt	30	Co E - 16th Va C	(1850 s/James)		TU
*Morrison, James	pvt- C	20	Co G - 8th Va C	(1850 s/James)		TU
*Morrison, James T.			36th Bn C	(1850 s/ Wash ?)		RH
Mourisson, Wm. M.	pvt	22	Co D - 8th Va C	Morrison, Washington	#1148	d/63 Ch Radford
Moss, V. R.	Surgeon	29	16th Va C	self	#281	TU
**Mullens, S.A.	2nd Lt		Co B - 34th Bn C			TU
**Neale, C. Albert	pvt		Co D - 8th Va C			TU KIA
**Neal, George N.	pvt		Co D - 8th Va C			RH POW
**Neal, Richard H.	pvt		Co D - 8th Va C			RH POW
Newman, Henry	pvt	17	Co E - 8th Va C	(1850 s/James)	#1240	enl' Cab 1862
*Newmann, Robert	pvt		Wat, Swan - Bn C	(also ? s/James)		TU (Cab)
Newton, Thomas	pvt	20	Co K - 8th Va C	Frampton	#532	TU (Way)
Nicholas, James	pvt	20	Co C - 36th Bn C	Nicholas, John S.	#1138	TU
Nicholas, John A.	pvt	23	Co C - 36th Bn C	Nicholas, John S.	#1138	TU
*Noel, Roderick (Nowell)	pvt	14	Co E - 8th Va C	(1870 census)		TU (Cab)
Nowell, Thomas	pvt	18	Co E - 8th Va C	Bias	#559	HA
Ong, Isaac	pvt	44	Co E - 8th Va C	self	#366	enl'Grb 61 KIA
Ong, John		67	POW at Wheeling	self	#414	CW
Ong, John W.	pvt	22	Co E - 8th Va C	Ong, Isaac	#366	TU
**Olinger, P. (Erlinger ?)	pvt		Wat, Swan - Bn C			TU
*Page, Adolphus	pvt		Co D - 8th Va C	(tx s/ James H. ?)		TU
**Park, J.J.	pvt		Co D - 8th Va C			TU
Parrish, Francis M.	pvt	15	Co D - 8th Va C			TU (Way)
Parsley, Richard	pvt	40	Co E - 8th Va C	Parrish, James	#1218	TU
			Co C - 36th Bn C	self	#1196	POW d/1864

TORN APART   CONFEDERATES

name	rank & age	1861 unit	Cabell census	Household	-enlisted
*Parsons, Thomas (J.)	pvt 31	Co A - 34th Bn C	(tx 1850 census)		TU
Peadro (Pedro), Saml. M.	pvt 27	Co D -16th Va C	Morris	#1066	TU KIA
Perry, John	pvt 14	Co C - 36th Bn C	Perry, Benjamin	#770	POW age 15
Peters, Lewis (E)	pvt 32	Co C - 36th Va	self	#381	TU (Raleigh)
Petit, Noah C.	pvt 17	unk - 8th Va C	Petit, Hugh	#439	TU
Peyton, Daniel	pvt 37	Co A - 36th Bn C	Shelton, Anthony	#30	TU
Peyton, John W. (Dr.)	pvt 40	Co E - 8th Va C	Peyton, S. M.	#148	HA
Peyton, Perry	pvt 37	POW at Wheeling	Custis	#254	1861 - CW
Peyton, Will	37	POW	self	#830	Poores Hill CW
Pine, Lewis G.	pvt- C	Co E - 8th Va C	probable s/Alex # 522		TU
**Plumley, Washington	pvt	Co D - 34th Bn C			TU (Cab)
Poindexter, James (A)	pvt 23	Co E - 8th Va C	Simmons	#131	TU (Kan)
Poor, Alfred	pvt 21	Co C - 36th Bn C	Poor, Elisha	#1245	TU
Poor, Stephen	pvt- C 19	Co C - 36th Bn C	Poor, Elisha	#1245	TU
Porter, James (H.)	pvt- C 17	Co C - 8th Va C	Porter, Jeral	#842	TU
Poteet, Henry C.	Sgt- C 31	Co E - 8th Va C	self	#163	TU
Poteet, James	pvt- C	Co E - 8th Va C	2 possible		TU
Powell, Henry	pvt 18	Co G - 8th Va C	Powell, Philip	#936	d/64 Ch Chase
*Powell, Henry P.	pvt	Co F - 1st Va C	(? s/Sam 1850)		TU (Cab)
Prichard, Lewis	pvt 27	Co A - 34 Bn C	self	#749	TU (Way)
Raines, Lewis	pvt 24	Co D - 16th Va C	self	#239	TU
*Reece, Charles A.	2nd Lt 23	Co D - 8th Va C	(1850 s/ Edmund)		TU
Rice (Rece), J.D. (John)	pvt 41	Co D - 8th Va C	self	#251	TU
Reece, Joseph (A,L,M)	pvt 16	Co E -8th Va C	Reece, John M.	#1188	HA
Reece, T. Heber	pvt 14	Co D - 8th Va C	Reece #1237 (or #1192 &#1194)TUenl' Cab 1864		
*Reece, Solon	pvt	Co D - 8th Va C	(tx s/Edward C.)		CW
Rece, Warren	39	Co E - 8th Va C	self	#1190	TU
Reynolds, Hardon (E.)	pvt 26	Co C - 36th Bn C	self	#239	TU
Reynolds, Isaiah	pvt 18	Co C - 36th Bn C	Reynolds, Ezekiel	#996	TU
Reynolds, James H.	pvt	Co C - 36th Bn C	#985 or #1182		TU
Reynolds, James	58	Cab Mil -120 Va Mil	self	#1182	d/wounds Cab
Reynolds, Jasper	pvt 24	Co C - 36th Bn C	Reynolds, Eezekiel	#1003	RH
*Reynolds, J.T.	pvt	Co C - 36th Bn C	(maybe same)		TU (Cab)
Reynalds, Thos.(Reynolds)	pvt 19	Co C - 36th Bn C	Reynolds, Ezekiel	#996	TU
Ricketts, Albert G.	pvt 16	Co E - 8th Va C	Ricketts, Elijah	#389	enl' Grb 61 KIA 63
Ricketts, Elijah	66	POW at Wheeling	self	#389	CW
Ricketts, Lucian C.(Cooney)	pvt 15	Co E - 8th Va C	Ricketts, Elijah	#389	enl' Grb 1861
**Riddle, Franklin	pvt	Co C - 36th Bn C			TU (Cab)
*Riggs, Charles C.	pvt 27	Co I - 8th Va	(1850 s/ Thomas R.)		TU (Fayette)
Riggs, Esom	pvt 17	Co D - 8th Va C	Riggs, Cecelia)	#1127	enl' Cab 1862
*Riggs, William F.	Sgt	Co D - 8th Va C	(? s/ Tom 1850)		RH
Roberts, A. B.	pvt 24	Co C - 36th Bn C	self	#955	TU
Roberts, D. M. (Daniel)	pvt 17	Co D - 16th Va C	Roberts, James	#971	TU
Roberts, John R.	pvt 24	Co A - 26th Bn	Roberts, James	#786	TU
**Robertson, John Erwin	pvt	Co E - 8th Va C	(bur Spring Hill-Htgn)		TU (Cab)
**Robinett, James	pvt	Wat, Swan - Bn C			TU (Cab)
Roffe, Thomas I. (J.)	pvt 23	Co H - 22nd Va	Roffe, Joseph W.	#15	TU
Roffe, William D.	pvt 21	Co H - 22nd Va	Roffe, Joseph W.	#15	TU / HB
Rogers, Wilson	pvt 18	Co K - 16th Va C	Rogers, Wm. S.	#112	TU

TORN APART CONFEDERATES

name	rank	age	1861 unit	Cabell census	Household	-enlisted
Rose, Fleming	pvt	31	Co C - 36th Bn C	self	#1005	TU
Russell, Albert G.	pvt- C	36	Co E - 8th Va C	self	#455	enl Grb 1861
Russell, George W.	pvt- C	27	Co E - 8th Va C	self	#475	enl Grb 1861
Russell, J.N.	pvt	17	Co E - 8th Va C	Everett, John	#440	TU
Russell, St. Mark		50	POW at Wheeling	self	#368	CW
Samuels, Alex H.	1st Lt	31	Co E - 8th Va C	Samuels, John	#33	enl' Grb 61 KIA
Samuels, Lafayette	Lt	32	Co K - 16th Va C	self (B'ville)	#10	CW
Sanford, Van	pvt	18	Co G - 8th Va C	Sanford, Marine	#967	TU
Savage, George W.		53	POW at Wheeling	self	#844	CW
Saxton, Henry B.(Sexton)	pvt- C	15	Co D - 8th Va C	Sexton, John	#331	enl' Cab 1862
Scott, Harry M.(Harvey)	pvt	19	Co E - 8th Va C	Scott, Sanford	#393	enl' Grb 1861
Seamonds, Charles	pvt	27	Co E - 8th Va C	Seamonds, Wm. R.	#98	TU KIA
Seamonds, Peyton H. (Pate)	pvt	18	Co H - 29th Va	Seamonds, Wm. R.	#98	TU
Sedinger, James D.	2nd Lt	23	Co E - 8th Va C	Sedinger, Lewis	#407	enl' Grb 1861
Saxton, Henry B.(Sexton)	pvt	15	Co D - 8th Va C	Sexton, John	#331	enl' Cab 1862
Sexton, Horatio Hamilton	pvt	17	Co E - 8th Va C	Sexton, John	#331	TU
Shelton, David	pvt	34	Co B - 34th Bn C	self	#727	TU
Shelton, James M.	pvt	25	Co E - 8th Va C	self	#103	enl' Grb 1861
Shelton, Jerome		40	POW at Wheeling	self	#730	CW
Shelton, John W.	Sgt- C	29	Co C - 36th Bn C	Shelton, Anthony	#30	TU POW
Shelton, John W.	pvt- C	16	Co E - 8th Va C	Shelton, H.H.	#219	enl' Guy 1862
Shoemaker, Charles	pvt	24	Co E - 8th Va C	Simmons (1850 orphan)	#313	enl' Guy 1862
*Shumaker, William	pvt	20	Co C - 36th Bn C	Simmons(1850 orphan)	#313	TU KIA
Sidebottom, John C.	Sgt	20	Co A - 45th Bn	Jennings	#1128	TU (Boone)
Simmons, Sampson S.	pvt	18	Co E - 8th Va C	Simmons, Conwelsey	#313	enl' Guy POW
Smallridge, Sampson S.	pvt	34	Co D - 16th Va C	Smallridge, John	#1178	TU POW
Smith, Alfred E.	pvt	24	Co E - 36th Bn C	Smith, Peter	#1084	TU
Smith, Ballard P.	pvt	43	Co B - 36th Bn C	self	#867	TU (Poca)
Smith, Charles A.	pvt- C		Co I - 8th Va C	#217 or #1234		TU
Smith, Charles H.			Co C - 36th Bn C	#217 or #1234		TU
Smith, C. C. (Columbus)	pvt	15	36th Bn C	Smith, Peter	#1084	POW d/1865
Smith, David R.	pvt- C	13	Co K - 16th Va C	Smith, Ballard	#867	TU
Smith, E. A.		30	POW at Wheeling	self	#373	CW
Smith, J.M.	pvt		Co G/I - 8th Va C	(Jaskson ? Joseph?)		TU (Cab)
*Smith, Jackson			Co C - 36 Bn C			TU (Cab)
Smith, James W.	Sgt		Co E - 8th Va C	several		enl' Grb 1861
Smith, John M.	pvt		Co D - 8th Va C	several		TU
Smith, Marcus	pvt- C	18	Co E - 8th Va C	Smith, Eveline	#240	TU
*Smith, "Mexico"(Moses)			Cabell Militia 1861	(lived Long Branch)		CW
*Smith, Robert J.	Corp		Co C - 36th Bn C			TU (Cab)
Smith, Samuel		51	POW at Wheeling	self	#937	1861 CW
Smith, William S.			Co C - 36th Bn C	9 possible		POW d/ 1865
*Spencer, Charles			Co L - 8th Va C			TU cem
Spencer, T. W.	Capt	33	(?) - 36th Bn C	Gwinn	#1243	TU cem
Spencer, William	pvt	30	Co D - 36th Va	Beech	#1281	TU (Log)
Spurlock, Andrew V.	pvt	12	unk 36th Bn C	Spurlock, Mary	#1069	TU (Lin)
Spurlock, Burwell	pvt	36	Co A - 45th Bn	self	#1034	TU
Spurlock, Jameson		28	Messinger 1861	s/Stephen of Wayne Co.		CW
Spurlock, John (H)	pvt	14	unk 36th Bn C	Spurlock, Mary	#1069	TU (Lin)

TORN APART

name	rank & age		1861 unit
Spurlock, Thomas	pvt	13	unk 36th Bn C
Stevenson, Charles F.	pvt	13	Co E - 8th Va C
Stewart, Hansford H.	pvt	18	Co E - 8th Va C
*Stewart, Harrison D			Co K - 8th Va C
Stewart, Joseph Sylvester	pvt	15	Co E - 8th Va C
**Stickler, A. G.	pvt		Co C - 36th Bn C
**Stickler, John			Co C - 36th Bn C
**Stribbling, Robert M.	1st Sgt		Co E - 8th Va C
**Sunderland, Patrick	pvt		Co D - 16th Va C
Summer, C.R.	Corp/Bugler	19	Co D - 8th Va C
*Summers, George	pvt	49	Co F - 19th Va C
Summers, Sylvester	Bugler	23	8th Va C
Summerson, Charles	2nd Lt		Co F - 45th Bn
*Suter, Benjamin	pvt		Co C - 36th Bn C
Swann, Henry (H.G.)		31	Car. Swan Bn C
Swann, Joseph (W.)	pvt	11	Co E 0 8th Va C
Swann, W. C.	pvt	16	Co G - 8th Va C
Sweetland, William A.	1st Lt	30	16th Va C
Tassen, John	Sgt- C	33	Co K - 16th Va C
Templeton, Harvey	pvt	42	Co D - 8th Va C
*Templeton, J.L.	pvt	19	Co D - 8th Va C
Templeton, J.M.	pvt	19	Co D - 8th Va C
Templeton, Ransom	Corp	17	Co K - 16th Va C
Terry, James K.	pvt	15	Co F - 45 Bn
Thompson, John E.	2nd Lt		Co E - 8th Va C
Thompson, John Henry	Corp		Co A - 8th Va C
*Thompson, Patterson	pvt- C	16	Co E - 8th VA C
*Thompson, Thaddeus	pvt	18	Co E - 8th Va C
Thornburg, H.M.		26	POW at Wheeling
Thornburg, John E.	pvt	17	Co E - 8th Va C
Thornburg, John	pvt		Co K - 16th Va C
**Tompkins, Richard			34th Bn C
*Turner, C.M.			Co D - 8th Va C
Turner, John C.	pvt	17	Co D - 8th Va C
*Vanatter(Fernatter), James			Co E - 45th Bn
*Vanatter(Fernatter), John			Co E - 45th Bn
Vertigans, Edward	Chaplain	22	16th Va C
*Vertigans, George S.	pvt		Co K - 16th Va C
Wade, Jesse	pvt	19	Co D - 8th Va C
Walker, John W.	pvt- C	18	Co K - 8th Va C
Walker, Mathew M.	pvt	21	Co D - 8th Va C
Wallis(Wallace), William			Co D - 8th Va C
**Walters, Dabney	Corp		Co C - 36th Bn C
Walton, E.H.		40	POW at Wheeling
*Waugh, Henry			Co D - 8th Va C
Wellington, James M.	Sgt	25	Co E - 8th Va C
*Wheeler, Charles			Co C - 36 Bn C
*Wheeler, Joseph	pvt	32	Co G - 8th Va C
*Wheeler, Wilson	pvt		Co C - 36th Bn C

CONFEDERATES

Cabell census	Household	-enlisted
Spurlock, Mary	#1069	TU (Lin)
Stevenson, Mark	#578	enl' Grb 1861
Stewart, James	#479	KIA
(also s/ James ?)		RH buried Cab
Stewart, James	#479	RH
		TU (Cab)
		RH
		TU (Cab)
		TU (Cab)
Summers, Geo. W.	#1223	enl' Cab 1862
self (en'l Pocahontas Co.)	#223	TU (doubtful)
Summers, Geo. W.	#1223	enl' Cab 1861
self	#379	TU (Cab)
(?s/ Jacob # 533)		TU (Cab)
self	#80	TU(Log)
Swann, Levin	#113	RH buried Cab
Swann, John K.	#322	RH
Roffe	#363	RH
self	#292	TU
self	#1169	enl' Cab 1862
1850 s/ Harvey	(#1169)	enl' Cab 1862
Templeton, Harvey	#1169	enl' Cab 1862
Templeton, Harvey	#1169	TU
Terry, Emily	#753	TU (Way)
#454 or #1019		enl' Cab 1861
self	#730	CW
(1850 s/ Patterson W.)		TU
(1850 s/ patterson W.)		TU
self	#365	CW
Thornburg, Thomas T.	#15	TU
#222 or #365		TU
		TU
(tx - s/Nathaniel ?)		TU (Cab)
Jenkins Planatation	#1099	TU
(1850 s/ S.Fernatter)		TU (Log)
(1850 s/ S. Fernatter)		TU (Log)
Whitten, L. T.	#39	enl' Cab 1861
1850 s/Edward -bro/Edward		enl' Cab 1861
Blackwood	#1195	enl' Cab 1862
Walker, Samuel	#535	TU
Frampton #532(1850s/ Samuel#535		enl' Cab 1862
(tx Andrew Wallace)		TU (Cab)
		TU
self	$413	CW
(? bro to Chas. # 657)		TU (Cab)
Wellington, Erastus	#400	enl' 61 drowned
(tx - 3 Wheeler families)		TU (Cab)
(tx - 1850 s/ Wm.)		TU (Put)
(tx - 3 Wheeler families		TU

TORN APART

CONFEDERATES

name	rank & age		1861 unit	Cabell census	Household	-enlisted
Wheeler, Zachariah	pvt	24	Co C - 36th Bn C	self	#1141	TU
White, Albert	pvt	31	Co A - 34 Bn C	self	#444	TU
White, James H.	pvt	31	Co D - 36th Va	self	#1122	TU (Log)
White, John W.	pvt- C	30	Co E - 8th Va C	self	#448	enl' Cab 1862
White, Moses R.	pvt	15	Co C - 36th Bn C	White, Zachariah	#1297	TU
Wilkinson, A. F.(Augustin)	pvt	24	Co C - 36th Bn C	Wilkinson, Benjamin	#990	TU
Williams, Arthur	pvt	26	Co F - 8th Va C	Williams, Arthur	#534	TU
Williams, G.W.	pvt	32	Co C - 36th Bn C	self	#255	TU
Williams, John W.	pvt	21	Co D - 8th Va C	Hotel (s/ William -245)	#23	enl' Cab 1862
*Wilson, Charles M.	pvt	19	Co E - 8th Va C	(1850 s/ James C.)		TU (Lin)
*Wilson, D. B. (Doc)	pvt		Co E - 8th Va C	(possible s/James #619)		TU
Wilson, Harvey	pvt	18	Co D - 8th Va C	Wilson, A. L.	#296	enl' Cab 62 KIA
Wilson, Lemuel	pvt	21	Co E - 8th Va C	Wilson, A. L.	#296	TU
*Wolcott, Augustus	pvt	51	Co E - 8th Va C	(slave schedule only)		HA
Wolcott, Bryon A.	Sgt	18	Co E - 8th Va C	Wilson, A. S.	#367	TU
**Woolford, James	pvt		Co D - 16th Va C			TU
*Wyatt, William	pvt		Co D - 8th Va C	(2 families 1870)		TU
Wysong, Calvin	pvt	17	Co H - 29th Va	Wysong, Creed	#982	TU (Lin)
Wyson(g), Eden(ing)		21	POW at Wheeling	self	#983	CW
Wysong, John	pvt	23	Co H- 29th Va	Wysong, Creed	#982	TU (Lin)
*Yates, John Wm.	Sgt	30	Co D - 8th Va C	(1850 s/Wm. B. Yates)	(#1277)	enl Cab 1862
*Young, James E.	pvt		Co D - 8th Va C	(tx s/ James)		TU (Cab)
*Young, John W.	pvt		Co D - 8th Va C	(tx s/James)		CW
*Zirkle, George W.	pvt	13	Co A - 45th Bn	(1850 s/ George)		TU (Boone)
*Zirkle, James L.	pvt	17	Co A - 22nd Va	(1850 s/George)		TU (Put)
*Zirkle, Ruben	pvt		unk	(? 1850 s/George)		TU (Cab)

SERVICE FOR NORTH OR SOUTH

The following soldiers appear on lists of both GAR and CSA. Does each name represent the same man? Possibly because both sides "impressed" soldiers and a prudent man went with the group about to rob his home. Are there two soldiers from Cabell County with that name? Probably as in Senior/Junior, but the soldier could be from a completely different area. Please remember Cabell soldiers service has been verified in very few cases.

name	rank	age	company	census	#	source
Adkins, Anderson	pvt	32	CoD - 9th WV Inf	self	#671	(CW)
	pvt	32	CoB - 34th Va BnC	self	#671	(TU)
Anderson, James			4 possible			
	Capt.	45	16th Va C	self	#713	(RH)
Bias, James (A)	pvt	31	Co A -185 OH Vol Inf	self	#549	(claimed pen)
	Corp	31	Co D - 16th Va C self		#549	(TU)
Bias, William A.	pvt	23	Co D - 9th WV Inf/1st Vet	s/And	#898	(claimd pen)[6]
	pvt	23	Co C - 36th Va BnC	s/Anderson	#898	(TU)
Brown, George	Corp/Capt		5th or 7th C	1136 or 1185		(RS)
			POW at Wheeling	1136 or 1185		(CW)
Burton, Joseph	Corp	15	CoM - 11th Pa C	s/William	#1020	(claimed pen)
	pvt	15	Co G - 8th Va C	s/William	#1020	(TU)
Carter, William			Co A - 13th WV Inf			(RS)
	Sgt	19	Co D - 8th Va C	s/John W.	#1249	(TU)
Curry, George	pvt	13	Co G - 7th WV Inf	s/Hiram	#994	(RS)
	pvt	13	Co B - 34th Va BnC	s/Hiram	#994	(RH)
Farley, John	pvt	31	Co I - 9th WV Inf/Co K 1st C		#871	(RS)
	pvt	31	Co B - 34th Va BnC	self	#871	(TU)
France, James	pvt	26	Co I - 3rd WV Ca	self	#252	(RS)
		25	POW at Wheeling	s/James	#252	(CW)
Hackworth, George	Corp	26	Co C/G-5th WV Inf/1st Vet		#1182	(RS)
	pvt	26	Co E - 8th Va Ca	Reynolds	#1182	(TU)
Howell, John H.	pvt	28	Co C - 14th WV Inf	self	#145	(RS)
	pvt	28	Co C - 36th Va BnC	self	#145	(TU)
Keyton, John L.	pvt	16	Co L - 6th WV Inf	s/Ryland	#1155	(RS)
	pvt	16	Co C - 36th Va BnC	s/Ryland	#1155	(TU)
Lawson, John	pvt	29	Co B - 5th WV Inf	self	#1026	(RS)
	pvt	29	Co B - 34th Va BnC	self	#1026	(TU)
Moore, W.B.(Wilson)	pvt	41	Co F - 13th WV Inf	self	#36	(RS)
	pvt	41	Co E - 8th Va Ca	self	#36	(TU)
Morris, Thomas	pvt	14	Co E - 3rd WV Ca/Bowen	s/Charles	#320	(RS) (2?)
	pvt	20	Co D - 8th Va Ca	s/Eaton	#616	(CW)

---

[6] Family tradition says he was impressed by CSA came home and hid under matress then joined GAR.

TORN APART   **LOST OR MISSING**

name	rank	age	company	census	#	source
Newman, Henry	pvt	17	Co K - 4th WV Inf	s/James	#995	(RS)
	pvt	17	Co E - 8th Va Ca	s/James	#995	(TU)
Peyton, William	Sgt	37	Co K - 3rd WV Ca	self	#830	(RS)
		37	POW	self	#830	(CW)
Shoemaker, Charles	pvt	24	Co F - 3rd WV Ca	Simmons	#313	(RS)
	pvt	24	Co E - 8th Va Ca	Simmons	#313	(CW)
Spurlock, Burwell	pvt	37	Co K - 7th WV Ca	s/Mary	#1069	(RS)
	pvt	36	Co A - 45th Va Bn	self	#1034	(TU)
Spurlock, John H.	pvt	14	Co K - 7th WV Ca	s/Daniel	#1118	(RS)
	pvt	14	unk - 36th Va BnC	s/ Mary	#1069	(TU)
White, Albert	pvt	31	POW Guyandotte raid	self	#444	(CW)
	pvt	31	Co A - 34th Va BnC	self	#444	(TU)

TORN APART   LOST OR MISSING

MISSING WITH and WITHOUT ACTION

**Persons NOT listed on the 1860 census, but appearing in any of the following materials:
Soldiers listing Cabell as residence -cw * Union - Confederate
Present on both 1850 & 1870 census (50-70)
Names appearing on the 1861-1865 Cabell tax lists - tx
= Lincoln County (part of Cabell in 1860)**

*Adams, Franklin -cw
*Adams, James K.P. -cw
*Adams, James T.(F) -cw
Adams, Jeremiah (50-70)
*Adams, John (50-70) -cw
*Adams, John J. (D.) -cw
Adams, Nancy -tx
*Adams, Thomas -cw
*Adams, William H. -cw
*Adkins, Alexr. (50-70)-cw
#Adkins, David -tx
*Adkins, Elliot -tx, -cw
*Adkins, Francis 50-70-cw
-Adkins, Greenville -tx,-cw
-#Adkins, Levi -tx,-cw
#Adkins, Roff(Ross) -tx
Allen, B. -tx
*Allen, John (50-70) -cw
Allen, Robert (50-70)
Ansel, John -tx
Ansel, Leonard -tx
Arthur, George W. (50-70)
*Baker, Henry -tx, -cw
Baker, John C. -tx
#Baker, John L. -tx
-Baker, William A. -cw
-Baker, William W. -cw
*Ball, James -tx, -cw
*Ball, William -cw
#Ballard, Samuel -tx
-#Barrett, Joseph -tx,-cw
Bates, Thomas (50-70)
Baumg'dnr, Philip (50-70)
#Bays, Henry -tx
#Beaver, Wm. H. tx
Becker, John A. -x
#Beckett, Leander -tx
Bellamy, Lewis -tx
-Bellamy, John -cw
-Bias, Absolum -tx -cw

Bias, Hugh (50-70)
-Bias, James B. -tx, -cw
Bias, James H. -tx
-Bias, James P. -cw
-Bias, Melvil -cw
*Bicker, Anthony -cw
Black, C. -tx
-Blackwood, Wm. R. -cw
*Blake, Andrew -cw
*Blankenship, And. J. -cw
-Blankenship, Benj. -cw
-Bledsoe, Daniel A. -cw
Booten, Morris -tx
*Bowen, Davis(d) -tx,-cw
Bowen, French -tx
Bowen, John L. -tx
Bowen, Samuel -tx
-Bragg, Alex. J. -cw
*Brown, Leonidas -cw
Brown, Morris (50-70)
-Bryan, Neal -cw
Bryan, Whitfield (50-70)
-Buffington, Edwin F. -cw
Bufington, James R.-tx
Buff'gtn, Thos. C. -tx
-Burdett, Albert -cw
-Burdett, William -cw
-Burford, William -cw
Burk, B.B. -slave sch only
-Burks, B.B. -cw
-Burks, Charles -cw
-Burks, Creed -cw
Burks, Jesse (50-70)
-Burks, Lewis -cw
Burks, Thomas (50-70)
Campbell, John -tx
-Campbell, Sida -cw
-Campbell, William -cw
-Campbell, Wm. D. -cw
*Cardwell, Manoah

(50-70), -cw
#Carpenter, Alex.-tx
#Carpenter, Anderson -tx
-Carpenter, Albert -cw
#Carpenter,Elisha -tx
-Carpenter, James A. -cw
-Carpenter, Silas -cw
-Carpenter, Wm. M. -cw
#Chandler, Andrew J. -tx
*Chapman, Green (50-70)
-Childers, Elias -cw
*Childers, Melvill (50-70)
Childers, Patrick (50-70)
*Clark, John (50-70),-cw
*Clark, John -cw
*Clutts, James H. -cw
*Collins, Aaron (50-70),cw
#Collins, Jane-tx
*Collins, Nathan -cw
*Collins, Nathaniel -cw
Connell, Priscilla -tx
*Cook, Benjamin -cw
*Cook, John -cw
*Cox, John W. - cw
-Craig, Wm. J. -cw
Cremeans, Bailey -tx
-Cremeens, Henry -cw
Cremeans, Higgins -tx
Cremeans, Hiram (50-70)
-Cremeans, John W. -cw
Cremeans, Lewis (50-70)
Cremenas, Noah -tx
*Cremens, Preston -cw
Cremeans, Wesley (50-70)
*Cremeans, Wm. (50-70)
Crouse, Joseph -tx
-Crump, Geo. (50-70)cw
#Curry, A.N.   -tx
Cyrus, Elizabeth -tx
Daniels, Anthony -tx

*Davis, Hexekiah -cw
*#Davis, James M.C. -tx
*#Davis, James M.J. -tx
*Davis, Stpehen -cw
*Dawson, Lewis -cw
*Dawson, Martin -cw
*Dawson, Thomas -tx, -cw
*Defoe, James -cw
-Defoe, John -cw
*#Dial, John M. -tx, cw
Dick, Andrew (50-70)
-Dick, David -cw
#Dodd, James -tx
*Dodd, James -cw
Dodd, John (50-70)
-Drown, Rufus -cw
Dundass, Charles (50-70)
Dunkle, David -tx
#Dyes, Henry -tx
-Edwards, Thomas J. -cw
-Edwards, W. J. -cw
-Egnor, George W. -cw
*Elkins, Archibald -cw
#Elkins Harvey -tx
*Elkins, Milton -cw
#Elkins, Reece W. -tx
Elmore, Edward (50-70)
#Eplin, Henry -tx
Eplin, Julia Ann -tx
*Eplin, William -cw
-Estes, John J. -cw
Everett, Mathew -tx
Eves, Thomas   -tx
Farrier, John B. -tx
*Felix, Julius -cw
*Ferguson, James -cw
Ferguson, John (50-70)
#Fernatter, S. (Ver) -tx
*Fife, Joseph (50-70), -cw
*France, Sylvester B. -cw

39

TORN APART

*Fuller, Sylvester -cw
Gallaher, Edward -tx
#Good, Samuel -tx
Gotlick, Henrick -tx (flip)
Grass, Albina -tx
*Grass, Charles -cw
*Grass/ose, Geo. W.
   (50-70), -cw
*Grass, Henry -cw
-Grass/G, Lacy -cw
*Grass/G, Theodore, cw
#Griffith, James L. -tx
#Griffith, Lafayette -tx
-Guthrie, Edward S. -cw
Guthrie, James H. -tx
*Guthrie, John Jr. -cw
-Guthrie, John W. -cw
*Guthrie, Robert -tx, -cw
*Guthrie, William -tx -cw
*Gwinn, G.Wash'gton -cw
Gwinn, Marietta -tx
Hagely, Harrison (50-70)
Hagely(ley), Henry (50-70)
-Hager, J.H. - cw
-Hanly, A. A. -cw
-Hanley, A.J. -cw
-Handley, A.W. -cw
-Hanley, Benja. T. -cw
-Hanly, Henry C. -cw
-Hanly, Pat. Henry -cw
-Hannon, Esom C.-cw
-Hannon, Easom H. -cw
-Hannon, George C. -cw
*Hannan, Joseph -tx, cw
#Hannon, Lucinda -tx
*#Hannon, Thomas -tx-cw
#Hannon, Thomas A. -tx
-Harbour, Charles -cw
-Harbour, Joseph M. -cw
-Harbour, Thos. M. -cw
-#Harris, Greenville -tx,cw
-Harris, Henry -cw
*Harshbarger, John -cw
*Harshb'gr, John P. -cw
*Harshbarger, Peter -cw
#Hatfield, Farmandy F.-tx
#Hayden, Alphaus -tx
Henderson, James -tx
Henrick, Gotleib - tx (flip)
-Hendrick, Louis -cw
-Hensley, Bird -cw

Hensley, James (50-70) 2
-Hereford, James -cw
Herndon, William -cw
*Hite, Wm. B. -cw
*Hoback, Alexander -cw
-Hoback, John -cw
Hoback, Lorenzo -tx
-Hodges, Charles J. -cw
Hohenberger, Joseph -tx
Holderby, Elizabeth -tx
-Holderby, Dudly D. -cw
-Holderby, Geo. W. -cw
Holderby, Robert -cw
-Holderby, Wm. P. -cw
*Holderby, Wm. R. - cw
*Holdroyd, Allen -cw
*Holdroyd, John -cw
-Holroyd, William -cw
Hollenback, Henry -tx
Hollenback, John -tx
*Hollenack, Leonidas -cw
Hollenback, Martin -tx
*Holstein, Albert J. -cw
*Holstein, Leftridge -cw
*Holstein, Perry -cw
#Holston, William -tx
#Holten, James -tx
Houskins, Francis -tx
-Hughes, Fleming T. -cw
Hughes, Spottsswood -tx
-Hunter, Jefferson -cw
-Hunter, Madison -cw
*Insco, Ennis -cw
-Insco, Joseph -cw
Jenkins, Anderson -tx
*Jenkins, John J. -cw
Jewell, Sarah -tx
-Johnson, Caleb -cw
-Johnson, Calvin -cw
-Johnson, Chapman -cw
*Johnson, Lewis (50-70)
-Johnson, Sampson -cw
Keeton/Keyton
Keller(ey), Hiram -tx
*Kelly, James A. -cw
Keyser, Eli (50-70)
-Keeton, Calvin -cw
-Kensolving, Charles -cw
-Kingsolving, Walter -cw
#Keyton, Reuben -tx
Keyton, Richard -tx

*King James -tx,- cw
-Kirtley, Morris -cw
#Kitchum/hen, Alonzo -tx
Kraus, Hugo -tx
Lacy, John (50-70)
Laidley, James H. (50-70)
#Lake, David -tx
#Lake, Nicholas -tx
-Lambert, Nathan -cw
Lambert, Peter -tx
Lapton, David B. -tx
#Lawson, A. -tx
Licker, Henry(Bic) -tx
-Likens, John -cw
-Long, Allen -cw
Love, Alphonse (50-70)
-Love, John E. -cw
-Love, John W. -cw
*Love, William -cw
-Lucas, Andy -cw
Lucas, Calvary -tx
Maupin, Linsday -cw
*May, Jacob -cw
-McCallister, Charles -cw
McCallister, Hannah-tx
McAlister, Sylvester -tx
McAllister, Jn Harvey-tx
*McComas, Elisha W. -cw
*McComas, Hamilton -cw
McComas, Walter (50-70)
-McComas, Dr. Wm. -cw
-McGinnis, Ira J. -cw
McGrand, John -tx
-McKendree, Elisha -cw
*McVickers, Hillary -cw
McWarter, James (50-70)
McWarter, Peter -tx
-Meddin/lin, Henry -cw
-Medlin, William -cw
-Midkiff, John A. -cw
-Mitchell, Henry -cw
-Mitchell, James W. -cw
-Mitchell, Samuel -cw
*#Moore, Gradison -tx
*Moore, Martin -cw
#Moore, Mathew -tx
*Moore, Samuel -cw
-Morrison, Frederick -cw
-Morrison, James -cw
-Morrison, Jas.T. -cw
*Newman, Greenville -cw

LOST OR MISSING

-Newman, Henry -cw
*Newman, Henry C. -cw
*Newman, James -cw
*Newman, John W, -cw
*Newman, Joseph -cw
*Newman, Leroy -cw
*Newman, Payton -cw
-Newman, Robert -cw
-Noel, Rodrick -cw
Owens, Edward (50-70)
*Owen, Henry T. -cw
-Page, Adolphus -cw
Page, James H. -tx
*Parsons, John -cw
-#Parsons, Thomas tx,-cw
*Peyton, Catlett -cw
*Peyton, Charles -cw
-Pine, Lewis G. -cw
*Plybon, Jacob -cw
-Poar, Alfred -cw
Poar, Elisha -tx
*Poor, Mark -cw
-Poor, Stephen -cw
Pogue(age), James H.-tx
-Powell, Henry P. -cw
#Ray, Isaac -tx
Reardon, John -tx
Rece/Reece/Reese (Rice)
Rece, Allen (50-70)
Rece, Charles (50-70)
-Rece, Charles A. -cw
Rece, Edward C. -tx
*Rece, Joseph -cw
-Rece, Solon -cw
-Riggs, Charles -cw
Riggs, Thos. J. (50-70)
Riggs, William F. -cw
Rindye, Joseph E. -tx
*#Rogers, James W. -tx
*Ross, James -cw
*Ross, John -cw
#Ross, Samuel -tx
-Russell, Albert G. -cw
Russell, William (50-70)
Sanders, Samuel -tx
Sandridge, Benja. -tx
Savage, John N. -tx
Schmes, Francis -tx
Scites/Sites
Seamonds, Robert (50-70)
Shelton, Anthony -tx

40

TORN APART

-Shelton, James -cw
-Shelton, John -cw
#Shepherd, Forest -tx
-Shoemaker, Charles -cw
-Shumaker, William -cw
Siders, Samuel -tx
Simmons, Geo.W.Jr -tx
Sites/Scitz
*Sites, Christopher -cw
Scitz, Thomas (50-70)
Smalley, Geo. C.-tx
-Smallridge, Sampson -cw
*Smallridge, Samuel -cw
*Smith, James -cw
Smith, Josephine G. -tx
-Smith, Moses-tx, -cw
#Spears, Benja. -tx
*#Spears, James -tx,-cw
#Spears, Thomas -tx
-Spencer, Charlie -cw
*Stephenson, Mark -cw
-Stewart, Harrison -cw
*Stewart, James H. -cw
Stewart,Robert (Slave sch)
Stone, Martha -tx
-Suiter, Benjamin -cw
Swann, Isaiah (50-70)
*Swann, John T. -cw

Tasson(Te), Andrew-tx
-Templeton, J.L. -cw
*Thompson, Geo. W. -cw
-Thompson, Patterson -cw
-Thompson, Thaddeus -cw
#Thompson, Robt. Jr. -tx
Tiernan, (Tu)John -tx
Toppin, Lewis L. -tx
#Towney, David -tx
-Turner, John C. -cw
Turner, Nathaniel (50-70)
Vanname, Allette -tx
Vanater =Fernatter
*Vanatter, Andrew J. -cw
*Vannater, Anthony -cw
*Vannater, James -cw
*-Vanater, John -cw
#Vernater, S. -tx
*Vannatter, William -cw
*Vertigans, Edward -cw
-Vertigans, Geo. S. -cw
#Vess, Sarah   -tx
-Walker, Mathew M. -cw
Wallace, Andrew -tx
Wallace, Hugh (50-70)
-Wallace, William -cw
*Wallace, Wm. T. -cw
*Ward, James W. -cw

LOST OR MISSING

#Warwick, Julius -tx
Watson, N.A. -tx
-Waugh, Henry -cw
*Webb, Henry L. -tx, -cw
-Wheeler, Charles -cw
#Wheeler, Eli -tx
#Wheeler, James -tx
#Wheeler, John -tx
-Wheeler, Joseph -tx, -cw
-Wheeler, Wilson
*White, William (50-70)
Wiger, John -tx
#Wilkinson, Benja.-tx
-Wilson, Charles M. -cw
-Wilson, Harvey -cw
*Wilson, Isaac -tx, cw
-Wilson, Lemuel -cw
*Wintz, Louis M. -cw
-Wolcott, Augustus -cw
Wood, Avis -tx
*Wood, Jonathan E. -cw
*Wood, Lyman H. -cw
*Wooten, Van Buren -cw
Wooten, Winston -tx
-Yates, John Wm. -cw
*Young, James B.-tx, cw
-Young, James E. -cw
-Young, John W. -cw
-Zirkle, George -cw
-Zirkle, James L. -cw
-Zirkle, Reuben-cw

TORN APART   **LOST OR MISSING**

SERVICE UNLOCATED

The following men have not been located on either side.
Page # is from "Eldridge's" 1860 Census.

age/page

Adkins,
  Alfred 29, 87
  Anderville 17, 89
  Benjamin 28, 32
  Edward 26, 86
  Elisha 35, 90
  Emanuel 18, 73
  Henry 14, 73
  James 23, 87
  Jeremiah 33, 57
  Jonas 24, 98
  Lykins 31, 87
  Nathaniel 13, 96
  Price 46, 76
  Roffe 18, 87
  Samuel 28, 87
  Thomas 26, 68
  Timothy 31, 96

Alford,
  George 23, 106
  Lorenzo 16, 106

Allen,
  Calvin 18, 94
  Harrison 23, 94
  Runnell 23, 55
  Samuel 24, 55
  William 14, 94

Anderson,
  Marion 23, 98

Angel
  Washington 37, 122

Ansel,
  Abraham 22, 20
  Malachi 24, 20
  Martin 37, 22
  Michael 44, 22

Apple,
  A.N. 18, 28

Arthur,
  James 16, 10
        45, 17
  John M. 42, 17
  Lewis T. 13, 17
  Sanders 41, 10
  Thomas 25, 131
  Washington 25, 131
  William 27, 43

Ashley,
  Samuel 15, 101

Ashworth,
  Asa 37, 105
  Henry 44, 102
  Hillary 24, 103\
  John 14, 104
      31, 103
  Michael 34, 116
  Thomas 30, 116
  Wm. B. 22, 100

Ayers,
  John 21, 41
  William 29, 41

Bailey,
  Elijah 28, 52
  Geo. W. 12, 50

Baker,
  Guy 24, 70
  J.C. 44, 45
  John 13, 70

Ball,
  Francis M. 21, 125
  Hugh M. 25, 13

Barbour,
  Robert 30, 58

Barker,
  John 20, 128
  Wm. R. 24, 119

Barnett,
  Thomas 42, 12

Barrett
  Harvey 38, 99

Bates,
  Grism 30, 63

Baum,
  John 18, 23

Becker,
  Albert 48, 6
  Fredrick 14, 6

Beckett,
  Ahaz H. 22, 104
  Andrew L. 36, 130
  Charles 33, 130
  Charles 26, 118
  Emsley 28, 125

Beech,
  Columbus 14, 85
  John 13, 75
  William 12, 130

Beckman
  Lewis 44, 39

Beevers,
  Mathias 17, 71

Bell,
  James C. 26, 79
  John R. 24, 80

Bellamy,
  E. 47, 53
  Samuel 16, 53

Bent/Burt,
  J.M. 21, 46

Berry,
  Philo B. 33, 35

Best
  William 39, 51

Beuhring,
  F.D. 31, 50

Bexfield,
  Richard 34, 36

Bias,
  Anderson 47, 92
  Cornelius 14, 75
  Crosby 21, 82
  Daniel B. 15, 27
  James C. 26, 74
  Linville 16, 92
  Obadiah 21, 74
          36, 84
  R.S. 38, 10
  Reuben 47, 130

Bickel,
  John 21, 113

Bierly,
  Joseph 42, 43
  Samuel (Burley) 14, 43

Billups,
  James B. 12, 14
  R.A. 33, 14

Black,
  Adam 22, 95
  Rufus, 13, 128
  William 36, 129
          41, 128

Blackwood,
  Joseph 29, 122
  Robert 26, 62

Blake,
  Albert 16, 21
  Jeremiah 14, 21
  Miles L. 19, 62
  Morris 44, 113

Blankenship,
  E.D. 38, 94
  George 12, 57
  Marlin 14, 23
  Samuel J. 13, 57

Blanssed,
  Elisha 26, 43

Bledsoe,
  William 26, 84

Blom
  William 40, 112

Blume
  E.W. 37, 26

Bobbitt,
  James F. 24, 104

Boden,
  John 26, 104

Boggess,
  George W. 25, 2

Boothe,
  Ballard 22, 67
  John 34, 66
  Nathan 28, 66

Bostick
  Joshua 44, 107

Bowden
  Sidney 39, 74

Bowen,
  Ezekiel 37, 114
  Jefferson 22, 114
          25, 31
  Sylvester 25, 112

Bowlin,
  Benjamin 15, 13
  John B. 25, 13
  John W. 32, 71

Boyd,
  Claiborne 27, 47

Bradshaw
  Allen 12, 32

Bramer,
  Clark K. 29, 41

Brewer,
  Martin 25, 89

TORN APART

Brumfield,
   Charles 14, 89
   John S. 25, 88
Bryant,
   Dennis O. 43, 9
   Francis M. 13, 127
   John 17, 127
   Lawrence 40, 115
   Marion 13, 9
   Nimrod 38, 115
   W.G. 45, 13
Buffington,
   James H. 30, 47
   John 27, 47
   P.C. 45, 47
Bukey,
   Rodolphus 34, 8
Bukley,
   Charles 46, 79
   William 18, 79
Burks,
   Luther 49, 49
   William 26, 57
Burns,
   Allen 12, 105
   David P. 45, 93
   Isaiah 38, 103
   Job 22, 111
   Peter 12, 93
   41, 116
   Robert 20, 93
   Taylor 15, 93
Burton,
   John K. 12, 105
Butcher,
   Martin 19, 29
   Mathew 47, 29
Cain,
   Martin 38, 25
   Michael 30, 33
Campbell,
   James 35, 38
Cann,
   Charles 26, 28
Carpenter,
   Perry 26, 33
Carroll,
   Adam 12, 95
   Mchenry 15, 41
   Samuel 40, 122

Carter,
   Andrew 30, 34
   Charles 13, 45
Chandler,
   H.M. 29, 111
Chapdu,
   James 14, 46
Chapman,
   Harrison 39, 119
   Henry J. 15, 15
   Lewis H. 14, 13
   Milton 23, 124
   Sampson 27, 123
   Willis 21, 23
Chapscott,
   George 30, 71
Childers,
   A.M. 34, 7
   Ben. S. 26, 8
   Green A. 32, 8
   Henry 15, 7
   John M. 14, 7
   M.M. 35, 28
   Philip 12, 7
Chitam,
   Thomas 19, 96
Chrislip,
   A.R. 34, 113
Christy,
   Abraham 26, 113
   Thomas 25, 113
Church,
   George 12, 1
   Henry L 14, 1
   Octavius 48, 1
Clark,
   Charles R. 26, 31
   Daniel 47, 64
   Ervin 27, 17
   Robert 22, 64
   Silas 37, 44
Clendenin,
   Ballard 27, 95
Close,
   Allen 23, 113
Collins,
   Adam 12, 17
   Elias 45, 95
   Hezekiah 12, 28
   Isaac 36, 89

Colvin,
   Jackson 26, 20
   William 22, 20
Conley,
   Bayley 41, 90
Conner,
   Addison 25, 123
   Joseph 14, 132
   William W. 28, 23
Cook,
   Solomon 31, 64
   Thomas 36, 13
Cooper,
   Henderson 25, 94
Cotton,
   Charles 47, 97
   William 14, 97
Cowan,
   Thomas 45, 73
   Thomas J. 15, 73
   Willis 15, 73
Cox,
   A.J. 45, 18
   Joseph 21, 18
Cremeans,
   Isaac 12, 71
   John 26, 122
   Luther 22, 4
   Michael 14, 71
   Nathan 46, 122
   Nathan Jr 22, 122
   Thomas 12, 71
   Winchester 42, 71
Crump,
   Isaac 37, 61
Cummings,
   Charles 45, 111
Curry,
   Benjamin 21, 102
   Franklin 49, 119
   Harrison 20, 124
   22, 121
   Hiram 46, 102
   John C. 14, 119
   Timothy 23, 124
   Washington 18, 95
Cyrus,
   Elijah 41, 16
   James 21, 92
   John E. 13, 16

WHERE DID THEY SERVE?

   Joseph 35, 9
Davidson,
   Alex 47, 46
Davis,
   Addison 20, 132
   Albert G. 14, 12
   Benjamin 46, 12
   Charles 14, 132
   Harrison 47, 63
   Henderson 12, 63
   Jesse 12, 132
   Sterling 46, 132
Deacon,
   Andrew 27, 84
Deal,
   Henry M. 45, 124
Dean,
   Samuel 12, 34
Deboy,
   John 17, 32
Defoe,
   William 49, 87
Dennison,
   John 45, 130
Derton,
   Harrison 37, 5
   John 41, 3
   Philip 19, 3
   William 30, 6
   Wm. D. 13, 3
Dial,
   Elisha 35, 14
   John 47, 69
Dick,
   A.J. 32, 9
Dietz,
   Hugo 25, 44
   Otto 39, 44
   Rodolphus 45, 47
Dillon,
   Benjamin 26, 61
   John L. 37, 9
   Rece W. 30, 23
   Squire 22, 52
   Wm. F. 24, 53
Dolan,
   Daniel 30, 37
   James 25, 37
Doolittle,
   Luther 49, 131

Douthit,
   John L. 17, 39
Drake,
   Blackburn 16, 90
Draper,
   William 36, 108
Drown,
   Benjamin 36, 31
   George A. 38, 31
   Luke 12, 31
Dudding,
   B.A. 35, 55
Duffy,
   Patrick 32, 130
Dundas,
   Thomas 26, 9
Dundass,
   John 32, 16
   Thomas 12, 1
Dune,
   John 32, 21
   Wm. H. 13, 20
Dunfield,
   Lewis 30, 61
Dunkle,
   Alexander 12, 61
   Theodore 17, 61
Dupine,
   Francis 40, 39
Dusenberry,
   J.T. 41, 38
Earles,
   David 27, 52
Eaves,
   Alex H. 17, 58
   James F. 20, 58
   John 23, 61
Eden (s),
   Edward 44, 23
   James 30, 11
Eggleston,
   David 12, 97
   J.T. 36, 111
Egnor,
   Wm. G. 25, 109
Ekss,
   Lewis 42, 97
Elkins,
   Overton 26, 88
   Patterson 22, 107
   St. Clair 30, 87

TORN APART

Elmore,
  William 26, 26
Elzey,
  Charles W. 17, 44
Emmerson,
  Lyman 38, 112
Emmons,
  Cyrus 18, 41
Emsheimer,
  Emanuel 15, 39
  Jacob 23, 39
  Joseph 24, 39
Eplin,
  Sherrod 12, 77
Everett,
  Charles T. 30, 64
  James 37, 23
  John T. 15, 49
  Samuel 41, 34
  T.W. 39, 49
Fandry,
  Joseph 22, 38
Ferguson,
  D.P. 43, 61
  William 21, 61
    40, 1
Fetter
8   H.A. 31, 4
Fielder,
  John 36, 66
Fisher,
  John A. 22, 52
Flowers,
  Alfred 49, 36
  E.H. 43, 41
  Ezra 18, 46
  Nathaniel 22, 46
Forth,
  William 16, 123
  Wm. J. 24, 124
Frampton,
  David 27, 54
  Isaac 17, 54
France,
  Isaac M. 16, 18
  William H. Jr.
    14, 18
Franklin,
  David 25, 72
  Elisha 30, 73
  James 21, 73

  John 43, 71
  Oliver G. 27, 73
  William 36, 73
Frelwiler,
  George W. 35, 4
Freutel,
  William 18, 28
Fry,
  John G. 42, 66
Fuller,
  Achilles 45, 62
  Albert 16, 63
  Edmund 40, 64
  Jasper 17, 64
  John 23, 65
Gallaher,
  John 23, 50
Garrett,
  Albert 19, 116
  Alexander 17, 116
Gasner,
  George 45, 44
Gatewood,
  Charles 30, 112
Gibson,
  James 47, 8
  William 20, 120
Giles,
  John 30, 60
Gill,
  Charles 13, 28
  Joseph 18, 28
    23, 36
Glen,
  Thomas 23, 84
Golden,
  Gustave 40, 36
Graham,
  Jefferson 20, 59
Grass,
  Jacob, Jr. 17, 103
  Peter 40, 99
Gratton,
  Jefferson 20, 61
Gregg,
  James H. 27, 41
Griffin,
  William 12, 23
Griffith,
  Addison 17, 109
  H.B. 23, 110

  Lewis 21, 110
  Lorenzo D. 26, 108
  Milton 14, 16
  Preston 15, 109
Griffiths,
  Ephraim Jr. 27, 109
Gue,
  Linsey 46, 30
Gunnoe,
  Ralph 48, 109
Gwinn,
  Andrew 28, 34
  Henry 29, 126
  Jefferson 13, 127
  John 33, 127
Hagely,
  Henry 23, 19
  Joseph Sr. 45, 21
  Peter Jr. 12, 20
Hagen,
  Wm. H. 37, 47
Hager,
  Andrew 26, 106
  Benjamin 24, 106
  George 45, 100
  Hezekiah 18, 110
  Lorenzo 23, 106
  Wesley 14, 100
Hagley,
  Preston 30, 109
Haldron,
  Charles 33, 107
Hall,
  Nehemiah 28, 21
Hamburger,
  Joseph 40, 43
Handley,
  Bonaparte 13, 118
  Jackson 13, 118
  Lycingus 17, 31

Harbour,
  Joseph 29, 100
Harden,
  Creed 13, 49
  Henry 15, 49
  John 49, 49
Harmon,
  Edmund 40, 114
  Eli 45, 110
  John M. 43, 100

WHERE DID THEY SERVE?

  Thomas Jr. 35, 101
Harris,
  Matthias 24, 4
Harrison,
  Greenville 44, 2
  Henry 21, 51
  James S. 17, 51
  Moses 28, 90
  Otis 33, 48
Harshbarger,
  David 48, 1
  Henry 14, 121
  William 14, 131
Harvey,
  Calvary 35, 14
  John W. 13, 14
Hatfield,
  A. L. 45, 30
  Adam 15, 83
  Addison 34, 88
  Alexander 30, 40
  Andrew 22, 82
  Caperton 26, 90
  D.K. 21, 13
  David J. 26, 82
  Elisha 24, 88
  F.F. 34, 90
  J.T. 28, 2
  James 14, 83
  John L. 24, 82
  Joseph 17, 1
  Moses 37, 29
Hatton,
  Sylvester 17, 26
Hayner,
  Lewis 27, 69
Hayslip,
  James 25, 43
  Lewellyn 15, 43
  Samuel 21, 43
  T.J. Jr. 12, 43
Heard,
  Isreal 15, 59

Henrich,
  Charles 41, 35
Hensley,
  A.J. 26, 25
  Columbus 12, 33
  David 16, 29
  John 49, 29

  John L. 32, 24
  Philly 24, 24
  Samuel 26, 10
  Washington 30, 24
Hereford,
  B.G. 31, 119
Herenkohl,
  Albert 30, 10
Herm,
  George 21, 50
Herman,
  George 40, 48
Hessian,
  Patrick 32, 33
Hibbins,
  John T. 37, 3
Hill,
  Benjamin 22, 80
Hinchman,
  John W. 19, 36
  Wesley 15, 37
Hodge,
  Preston 45, 127
Hoffman,
  P.H. 36, 38
Holderby,
  Edward 16, 63
Holdryde,
  Lewis 25, 30
  Peter 30, 5
Hollenback,
  F.P. 25, 26
  Lorenzo 30, 23
Holley,
  David 14, 95
  Edward 20, 95
  James A. 40, 95
  Warren 12, 95
  William 34, 97
Holly,
  Moses 22, 115
Holstein,
  Addison 13, 108
Holten,
  Allen 45, 94
  John H. 14, 96
  Joseph Jr. 25, 98

Houchins,
  Francis 31, 114
  William 19, 36

44

TORN APART

Howard,
　Daniel 16, 62
Huffman,
　Andrew 15, 54
　James 24, 54
Hughes,
　Jeremiah 12, 24
　Lorenzo 16, 24
　R.B. 35, 55
　Ralph 13, 24
Huxom,
　Henry 31, 45
Irving,
　Robert 43, 85
　Wm.T. 15, 85
Jefferson,
　Henry 38, 19
　Jackson 36, 19
　John W. 28, 11
　Joseph 21, 22
Jewell,
　Gottier 17, 32
Johnson,
　Armstead 13, 53
　Gordon 15, 81
　H.M. 34, 118
　Harvey 43, 80
　Henry C. 12, 53
　Isham 14, 76
　Jefferson 19, 81
　Joseph W. 33, 84
　Lott 43, 109
　Madison 48, 119
　Maxwell 23, 76
　Perry 49, 81
　Samuel 48, 52
　Squire 24, 94
　Wesley 39, 102
　William 46, 81
　Wilson 15, 81
Jones,
　Clayton 13, 1
Jordan,
　A.H. 28, 116
　Henry 13, 124
　Morris 32, 103
　William 45, 124
Joy,
　James 22, 13
　Thomas 15, 18
Kayser,
　G.J. 31, 102
Keenan,
　A. J. 41, 42
　David 31, 79
Keller,
　Albert 27, 61
　Thomas 19, 60
Kelly,
　Samuel 26, 14
Kennison,
　Griffin 28, 87
Ketcham,
　Alonzo 38, 71
Keyser,
　David 40, 12
　Ephraim 34, 12
　George 21, 12
　Hugh 12, 12
　Wm.W. 14, 12
Keyton,
　John 26, 103
Killgore,
　Joseph 13, 126
　Thomas 38, 126
　William 26, 125
Kincaid,
　Wesley 14, 72
Kinder,
　Jackson 24, 92
　Samuel 35, 92
King,
　Jesse 47, 100
Kirk,
　Jesse15, 110
Knight,
　Abner 25, 21
　Abner P. 23, 20
　George 16, 21
　John 21, 21
　Lafayette 15, 22
　Mathew 45, 24
　Wayne 21, 24
Kraus,
　Walter 27, 3
Kyle,
　Samuel 23, 11
　Wm.H. 14, 53
Laidley,
　William S. 21, 48
Landrum,
　James 26, 91
Larkin,
　Thomas 19, 39
Latimore,
　James M. 19, 14
　Robert 40, 14
　Thomas J. 12, 14
Lavender,
　Joseph 29, 97
Lawrence,
　Charles 12, 94
　Wm. P. 14, 115
Lawson,
　David 12, 105
Legg,
　Thomas 25, 122
Letulle,
　Lewis 14, 44
Libby,
　A.H. 27, 74
Lloyd,
　John 39, 2
　R. J. 37, 25
Long,
　Charles 24, 3
Louchine,
　Solomon 22, 46
Love,
　P.E. 27, 25
　Theodosius 13, 131
Lovejoy,
　Daniel 44, 51
Lucas,
　David 24, 67
　James J. 12, 11
　John M. 20, 73
　Parker 48, 73
　Price 39, 88
　Ralph 18, 88
　Samuel 16, 68
Lunceford,
　Elijah Sr. 22, 34
　Joshua 44, 123
Lusher,
　Charles 18, 73
　Henry 14, 73
　James M 15, 15
　John 20, 73
　Johnson 40, 3
　Scott 14, 3
Lykins,

WHERE DID THEY SERVE?

　Andrew 24, 96
Mahone,
　Mahala 16, 93
　Virgil 14, 93
　Wm. C. 38, 93
Malcomb,
　Bruce 15, 130
　Edward 36, 130
Martin,
　Aaron 23, 101
Mather,
　John 17, 22
　O.W. 38, 2
　Valcolon 12, 2
Mathews,
　Samuel 40, 54
　William 12, 54
Maupin,
　Chapman 49, 130
　H.B. 43, 6
　Thomas 12, 130
　William 23, 131
Mays,
　Charles 47, 9
　Elisha 37, 38
　Hamilton 40, 8
　John 12,
McCallister,
　Alexander 37, 85
　Henry 12, 85
　Jackson 14, 120
　John 43, 85
　Joseph 41, 120
　Malcom 46, 120
　Perry 27, 111
　Preston 33, 84, 14, 85
　Richard 27, 111
McClure,
　Allen 25, 109
McComas,
　Alexander 24, 78
　　44, 67
　Andrew 13, 67
　Benjamin 13, 127
　Blackburn 13, 82
　David 22, 78
　　25, 79
　Dyke 19, 72
　Elisha 34, 66

　Henderson 25, 72
　Isaac 27, 71
　Jackson 29, 71
　James M. 25, 90
　　32, 67
　Jefferson 31, 71
　Jesse 36, 74
　John 14, 112
　Lewis 21, 72
　Thomas 24, 82
　Thomas J. 44, 82
　Wirt 18, 79
McCorkle,
　George 19, 29
McCoy,
　Meredith 17, 88
McCullough,
　Julius 16, 50
　P.H. 44, 50
McCune,
　Benjamin 34, 22
McDonie,
　James 26, 131
McFarland,
　James 30, 57
McGinnis,
　Achilles 34, 64
　Henry H. 17, 49
McKeand,
　Alexander 23, 79
　John 48, 79
　William 24, 79
McKendree,
　Robert 13, 15
McKindley,
　M.M. 25, 45
McLary,
　David 44, 53
McLeary,
　Isaac 16, 25
　James 18, 25
McNeeley,
　Benjamin 33, 70
McVickers,
　Archibald 48, 13
　James 14, 13
　John 14, 13
Medlin,
　Borino 20, 55
　John 23, 55

TORN APART

Menary,
  Mitchell 33, 70
Merritt,
  John 32, 6
  Philip 13, 5
  William 47, 5
  William M. 33, 9
Messinger,
  George 16, 75
Michael,
  Daniel 15, 113
  David 16, 113
Midkiff,
  Solomon 14, 67
  Walden 14, 77
Miller,
  Burwell 13, 105
  Christian S. 15, 2
  Gebring 12, 66
Mills,
  John O. 16, 3
  William 20, 3
Mitchell,
  Absalom 23, 75
Molesworth,
  W.W. 29, 43
Monroe,
  James H. Jr. 14, 46
  John E. 16, 46
  Thomas H. 42, 46
  William M. 12, 46
Moore,
  F.M. 39, 39
  Orren 38, 43
Morrison,
  Albert 19, 86
  Allen 22, 16
  Calvin 14, 86
  Henry 15, 16
    29, 24
  John 14, 117
    16, 86
  John E. 40, 83
  Patrick 18, 117
  Thompson 48, 86
  Washington 44, 117
  Wm.E. 23, 83
Myers
  Charles 38, 35
Nash,
  Thomas 40, 87
Nelson,
  A.B. 35, 56
  John H. 16, 56
  Jonathan 36, 101
  Jonathan Jr. 16, 101
Nesmith,
  Charles D. 18, 46
  Robert A. 19, 46
Newman,
  Cyrus P. 22, 16
  Joseph A. 15, 16
  Morris 32, 16
  Sylvanus T. 12, 16
Newton,
  Sylvester 24, 54
Nicholas,
  Calahill 16, 116
  Preston 14, 116
Noddle,
  Abraham 27, 45
Owen,
  Edmund 15, 58
  Jordan 23, 58
Oxley,
  Alfred 39, 107
  Samuel 13, 107
Paine
  Jesse 44, 67
  Stephen 38, 71
Parsons,
  Frances 14, 70
Patterson,
  Berry 37, 56
Patton,
  Robinson 45, 103
Pearson,
  Lewis 23, 95
Perry,
  Elijah 23, 84
  Malachi 22, 22
  Peter 20, 79
  S.B. 26, 84
  Thomas H. 17, 79
Petit(t)
  Hugh B. 49, 45
  John A. 13, 45
Petry,
  Marion 17, 76
  Martin 38, 76
Peyton,
  Alexander 34, 17
  Archibald 39, 128
  Elisha 29, 29
  Harrison 39, 85
  Henry 42, 74
  John 46, 67
Pigg,
  William 13, 52
Pine,
  Floyd 33, 53
  John 12, 103
  Overton 30, 53
  Rufus 14, 53
Plybon,
  Calvary 13, 57
  John 47, 57
  John 28, 48
Poage,
  James H. 43, 50
Polly,
  William 25, 111
Poor,
  David 42, 129
  Elisha 49, 127
Porter,
  Alonzo 12, 55
  Cummings 23, 49
  James 37, 68
  James H. 22, 102
  John W. 28, 102
Poteet,
  John L. 13, 63
Powell,
  Andrew 22, 96
Preble,
  Ulysus 26, 42
Proctor,
  George 40, 4
  James 15, 4
  John 12, 5
Puckett,
  26, 52
Pugh,
  Jesse 40, 62
Pulley,
  William 40, 19
Quintin,
  James M. 34, 115
Ramsey,
  Allen 35, 101

WHERE DID THEY SERVE?

  Edward 12, 101
Rardon,
  Lyman 23, 112
Ray,
  Beverly 21, 71
  Lemuel 20, 23
    20, 58
  Morris 25, 85
Rece,
  Addison 31, 121
  Calvin 20, 121
  Edmund 49, 122
  James 16, 126
    18, 121
  James H. 48, 126
  John C. 42, 49
  John M. 47, 121
  Theodore 13, 122
  Thomas H. 49, 121
Reed,
  Judson 25, 54
Reynolds,
  Jackson 14, 103
  James F. 18, 101
  Joseph H. 12, 101
  Peter 24, 117
  Robert 33, 52
Richards,
  Hezekiah 29, 22
Richardson,
  Richard 30, 112
Ricketts
  George H. 12, 40
Ridgeway,
  John 26, 72
Riggs,
  Albert 13, 115
Ripling,
  John W. 12, 48
Roberts,
  Alex Bird 12, 99
  Allen 14, 125
  Bradford 12, 125
  Columbus 13, 116
  Frank 25, 99
  Harrison 44, 80
  Henry 24, 99
    25, 101
  James 14, 51
  John 14, 97
  John W. 12, 51
  Jones 48, 116
  Joseph 26, 100
  Marion 20, 100
    33, 51
  Mason 28, 99
  Maurice 20, 125
  Patterson 38, 51
Rodgers,
  Fenton 21, 28
Roffe,
  Charles P. 13, 12
  James H. 44, 79
  Joseph W. 47, 12
  Wm. D. 20, 12
Ross,
  David 35, 51
  George 18, 28
  Hugh 16, 28
  Robert 45, 28
Rousey,
  Archibald 15, 83
  Henry 19, 83
  James 13, 83
  Seaton B. 39, 104
Russell,
  St.Mark Jr. 21, 38
Salmon,
  Joel K. 30, 1
Sammons,
  Rolin 27, 27
Sanders,
  Frank 32, 15
Sanford,
  Marine 41, 100
  Milton 14, 100
  William 15, 100
Sargent,
  David 28, 31
Saxton,
  William 19, 87
Scales,
  John 13, 32
  Thomas 47, 32
Scarberry,
  Joseph 25, 20
Scites,
  Thomas 21, 13
Scitz,
  Charles 13, 82
  Cutlope 39, 84
  Godfrey 38, 86

TORN APART

Henry 15, 72
Scott,
    Sandford W. 23, 38
Seamonds
    A.J. 30, 9
Sexton,
    Joseph 30, 96
Sheff,
    Daniel 21, 25
    George 30, 130
    James 30, 131
    John H. 26, 129
Shelton,
    Elisha 43, 79
    H.W. 42, 23
    Henry 20, 79
    John 20, 79
    Monroe 23, 5
Shoemaker,
    James H. 35, 49
Shon(m)burg,
    David 46, 52
    John B. 37, 45
Short,
    Robert 44, 94
    Samuel 13, 94
Showans,
    Presley 22, 26
Shy,
    Benjamin 32, 48
    Edward 28, 50
    H.W. 26, 50
Simmons,
    Conwelsey 35, 32
    Joel 13, 56
    Nathaniel 15, 56
    Robert 22, 56
Smallridge,
    John W. 33, 120
Smith,
    A.J. 30, 80
    Alexander 13, 97
    Ambrose 29, 27
    Austin 47, 45
    Dudley J. 18, 43
    Harvey 38, 25
    Joseph 12, 80
    12, 98
    Joshua 19, 125
    Lewis 30, 95
    Percival S. Jr. 22,

42
    Ralph 38, 110
    Richard P. 26, 42
    W.W. 26, 8
    Whitcomb 27, 43
Snapp,
    Wiliam 27, 122
Snodgrass,
    George 14, 93
    James H. 24, 93
    Joseph 23, 93
    William 12, 93
Spears,
    Peyton 40, 91
    Wesley 15, 91
    Wiley 21, 90
    William 49, 90
Spurlock,
    David 13, 114
    Harrison 32, 110
    Harvey 47, 114
    James H. 17, 114
    Jesse 45, 114
    Levi 15, 114
    M.J. 40, 42
    Simeon 17, 114
    Stephen 33, 114
    Thomas 49, 114
Stanley,
    David 27, 27
    Joseph 38, 24
    Martin 40, 106
Stephens,
    Hooper 39, 113
    Hooper Jr. 14, 113
Stephenson,
    Armstrong 37, 87
    Caleb 40, 59
    Gilbert 40, 60
    J.M. 25, 60
    James 20, 128
    Samuel P. 19, 60
    Sylvester J. 14, 60
    William M. 29, 60
Stewart,
    Hamilton 12, 44
    James 42, 48
Still,
    E.H. 36, 54
Stonebraker,
    William 23, 52

Stowasser,
    Frank 42, 36
Suiter,
    Samuel 13, 54
Sullivan,
    Henry 35, 51
    Jacob 32, 60
    James 45, 55
Summers,
    Edgar 16, 124
    Thomas B. 13, 124
Swan,
    John R. 15, 12
    Levin 46, 11
    Thomas 17, 33
Swann,
    Ballard 31, 83
    Benjamin 27, 27
    Calvary 40, 33
    Calvary Jr. 12, 34
    Enoch 16, 33
    Henry C. 16, 33
    Josiah 19, 33
    McHearston 12, 33
    Reason 13, 33
Sweetland,
    I.V. 40, 16
Switzer,
    Jonathan 30, 15
Taylor,
    Allen 46, 130
    William 13, 7
Teal,
    Adams 12, 30
Templeton,
    Esom 12, 119
    Isaac 14. 119
    Jesse 34, 122
Thacketon,
    B.H. 33, 6
Thompson,
    Gilmore 25, 57
    Hasting 24, 104
    James 37, 93
    John 13, 29
    John T. 17, 29
    Robert 27, 104
Thornburg,
    David 46, 52

    George E. 14, 6
    James L. 24, 53
    Moses 30, 4
    Thomas T. 44, 6
Thurston,
    Clark 49, 34
Toney,
    David 45, 108
    Joel 33, 35
Tooley,
    Charles Jr. 21, 76
    Tandy 44, 13
Topping,
    Andrew 34, 50
    John 35, 60
    Levi 37, 59
Trent,
    Egbert 16, 52
    John 28, 52
Turley,
    Jonathan 34, 16
    Joseph 21, 30
    Obediah 23, 70
Turner,
    Albert 16, 61
    Leonard 35, 45
    N.S. 36, 61
    Thomas 20, 113
    Victor 12, 61
Underwood,
    E. M. 40, 34
Vandiver,
    J.H. 42, 42
Vaughan,
    Andrew 12, 73
    Erastus 23, 73
    Henry 36, 73
    Richard 25, 73
Vest,
    John 16, 91
Vickers,
    Charles 16, 91
    George 14, 101
    James 14, 01
    John 19, 91
    Simeon 43, 91
    Thomas 12, 91
    45, 101
Waddleton,
    Harvey 46, 91
    John R. 12, 91

WHERE DID THEY SERVE?

Walker,
    James 14, 24
Wallace,
    Edmund 36, 123
    Henry M. 24, 123
    Jesse 30, 123
Walls,
    Anderson 25, 98
    Moses 13, 98
Walton,
    W.W. 15, 42
Ward,
    John H. 13, 7
    Thomas 39, 7
Warren,
    George W. 28, 40
    G.D. 29, 40
Warrick,
    Fielding 34, 88
    Wesley 24, 88
Watson,
    Alexander 32, 69
Webb,
    Samuel 25, 93
    Stephen 30, 35
    Theodore 18, 93
Weiger,
    Frank 39, 90
    Joseph 40, 90
    Lewis 45, 35
Wellington,
    Erastus Jr. 29, 41
    Noadiah 30, 41
    Zack Taylor 13, 41
Wentz/Wintz,
    Henry C. 13, 63
    John 25, 18
    John P. 21, 63
    Thomas N. 15, 11
Westhoff,
    Arnold 41, 5
Wheeler,
    Reason 40, 117
White,
    Peter 35, 131
Whitten,
    L.T. 41, 4
    William W. 12, 4
Wiles,
    Burwell 40, 56
Wilkinson,

Benjamin 49, 102
George 13, 92
John H. 14, 96
Stephen 44, 96
Williams,
A.W. 40, 81
Wilson,
A.L. 43, 31
Winden,
James 23, 39
Wingo,
A.W. 40, 1
Winn,
Emos 30, 48
George W. 27, 47
Robert 24, 47
Winters,
G.W. 24, 21
Lemmel 16, 20

Wolcott,
L.M. 32, 42
Robert B 15, 38
W.B. 26, 74
Wood,
H.H. 44, 6
Joel 28, 102
Samuel 36, 78
Thomas Jr. 12, 63
Wooden,
John H. 40, 14
Woodward,
Hezekiah 31, 130
James 16, 131
Woodyard,
Presley 35, 64
Sandford 22, 11
Wm.C. 34, 18

Workman,
Peterson 16, 60
16, 60
Wright,
Edward 49, 63
Richard C. 21, 63
Wm. O. 23, 63
Wylie,
Joseph 22, 1
Wysong,
Creed 43, 101
William 15, 101
Yates,
Wm. P. 38, 130
Wm. P. Jr. 22, 10
Yeager,
James 13, 93
John T. 36, 93

www.ingramcontent.com/pod-product-compliance
Lightning Source LLC
Chambersburg PA
CBHW081502040426
42446CB00016B/3360